Århus: Im Freilichtmuseum „Den gamle By"

Land und Leute

Charakteristisch für Jütland, den an die Bundesrepublik Deutschland grenzenden Festlandteil Dänemarks, ist die zum Teil flache, zum Teil sanft hügelige Parklandschaft mit Feldern und Weiden, Fichten- und Buchenwäldern, malerischen kleinen Seen und Teichen, Dörfern und Provinzstädtchen, die allesamt in unmittelbarer Nähe des Meeres und einladender Badestrände liegen.

Landschaftlich sehr reizvoll, und noch relativ wenig industrialisiert, bietet sich Jütland für erholsame Ferien an und ist in den letzten Jahren ein beliebtes Reiseziel geworden, nicht zuletzt deshalb, weil man es – mit dem eigenen Wagen oder mit öffentlichen Verkehrsmitteln – auf guten Straßen mühelos erreichen und kennenlernen kann.

Neben der abwechslungsreichen Landschaft, die von dem idyllischen Förden-(Buchten-)gebiet der Ostküste bis zur rauheren, an Dünen reichen Westküste an der Nordsee reicht, von urwüchsiger Heidelandschaft bis zu weiten Sandstränden, von endlosen Feldern oder Grasteppichen bis zu schönen Laubwäldern, gibt es in Jütland auch interessante alte Städte wie Ribe, Tønder, Århus, Kolding und viele andere mehr, die zahlreiche sehenswerte historische Bauten besitzen. Eine reiche Palette von Möglichkeiten zu Freizeitgestaltung und sportlicher Betätigung (Schwimmen, Segeln, Angeln, Reiten, Radfahren, Golf- und Tennisspielen, Wandern) erwartet den Feriengast.

Nicht zuletzt bietet Jütland dem Besucher auch eine ausgezeichnete Küche; auf „gutes Essen" wird hier überall besonderer Wert gelegt. Die Hotels, Ferienpensionen und Gasthöfe, aber auch die Bauernhöfe, die Feriengäste aufnehmen, sind durchweg gepflegt und gastlich.

3

Lage und Größe

Dänemark ist das kleinste Land und der am weitesten südlich gelegene der skandinavischen Staaten. Es ist 43 000 Quadratkilometer groß und besteht aus der Halbinsel Jütland und 483 größeren und kleineren Inseln, von denen etwa 100 bewohnt sind.

Jütland (*Jylland*), der nördlichste Festlandteil Mitteleuropas, grenzt im Süden an die Bundesrepublik Deutschland (Schleswig-Holstein) und wird an allen anderen Seiten vom Meer umschlossen: im Westen von der hier „Vesthavet" genannten Nordsee, im Osten von der Ostsee (Kattegat) und im Norden vom Skagerrak, wo Nord- und Ostsee zusammentreffen.

Zusammen mit den unmittelbar vorgelagerten kleinen Inseln ist Jütland etwa 29 800 Quadratkilometer groß.

Bodengestalt

Im Osten Jütlands, wo das hügelige Land allmählich zum Meer (Ostsee) mit seinen zahlreichen Buchten und Förden (dän. Fjorden) hin abfällt, gibt es Laubwälder mit dichtem Unterholz, während der Westen der Halbinsel von einer reizvollen Dünenlandschaft und von Nadelwäldern beherrscht wird.

Die sanften Hügel des Binnenlandes entstanden aus Endmoränen von Eiszeitgletschern und sind mit Gras- und Blumenteppichen oder mit Getreidefeldern bedeckt.

Von eigenartigem Reiz ist die urwüchsige Heidelandschaft in Westjütland, die aber immer mehr landwirtschaftlich erschlossen wird. Einige Heidekrautgebiete sind deshalb in den letzten Jahren unter Naturschutz gestellt worden.

Breite, weiße Sandstrände bedecken die Westküste. Sie erstrecken sich bis hoch hinauf in den Norden. Hinter den Sandstränden erheben sich hohe Dünen. Jeder Badegast hat hier so viel Bewegungsfreiheit, daß der Touristenslogan geprägt wurde: „Jedem Gast seine eigene Düne". Die Holmsland-Dünen sind bis zu 25 Metern hoch.

Im Seengebiet zwischen Skanderborg und Silkeborg liegt einer der beliebtesten Aussichtsberge Dänemarks, der 147 Meter hohe *Himmelbjerg*.

Der malerische *Limfjord* trennt den nördlichen vom mittleren Teil Jütlands. Im Limfjord liegen die Inseln Mors und Fur mit interessanten geologischen Formationen: Dunkle Aschenschichten auf den hellen Lehmhängen weisen auf den vulkanischen Ursprung dieser Gebiete in der 70 Millionen von Jahren zurückliegenden Tertiärzeit hin. An einzelnen Stellen des Untergrundes treten Kreide und Kalk hervor und bilden eigenartige Küstenformationen, wie etwa bei Svinkløv.

Bei *Råbjerg Mile* liegt Dänemarks größte Wanderdüne; sie verschiebt sich jedes Jahr weiter nach Osten.

Die Westküste Südjütlands ist ein flaches Marschland mit großen Deichen zum Schutz gegen das Meer. Weite, grüne Marschflächen mit Grabhügeln und Hünengräbern aus der Urzeit sind charakteristisch für diesen Landesteil. Die der Nordseeküste vorgelagerten Inseln Rømø und Fanø besitzen herrliche weite Sandstrände.

Klima

Dänemark hat ozeanisches Klima mit milden Wintern und nicht zu warmen Sommern. Regenfälle verteilen sich gleichmäßig über das Jahr. In Jütland ist der Sommer im allgemeinen kurz. Er dauert von Anfang Juli bis Ende August. Charakteristisch sind die hellen, aber oft recht kühlen Nächte. Der September ist in der Regel noch recht warm und sonnig, im Oktober wird es kühl.

Der Winter ist zumeist sehr verregnet, Frostperioden sind relativ selten. Der kälteste Monat ist der Februar, mit einer Durchschnittstemperatur um 0 Grad Celsius. Der Übergang zum Frühling dauert lange. Der März hat sonnige, aber noch kühle Tage, erst im April und Mai beginnt sich die Luft zu erwärmen.

Infolge der Nähe des Meeres sind windstille Tage selten. West- und Süwestwinde herrschen vor.

POLYGLOTT-REISEFÜHRER

Jütland

*Mit 15 Illustrationen
sowie 17 Karten und Plänen*

POLYGLOTT-VERLAG

MÜNCHEN

Herausgegeben von der Polyglott-Redaktion
Verfasser: Dr. Hans Lajta
Ständiger Bearbeiter: Jürgen E. Rohde
Illustrationen: Vera Solymosi-Thurzó
Karten und Pläne: Evelin Schwartzkopff, Horst Auricht und Arnulf Milch
Umschlag: Toni Blank
Klimadaten auf Seite 5: Deutscher Wetterdienst, Offenbach am Main

*

Wir danken dem Dänischen Fremdenverkehrsamt in Hamburg und München
für die uns bereitwillig gewährte Unterstützung.

Ergänzende Anregungen, für die wir jederzeit dankbar sind,
bitten wir zu richten an:
Polyglott-Verlag, Redaktion, Postfach 40 11 20, 8000 München 40.

Alle Angaben (ohne Gewähr) nach dem Stand Februar 1988.

*

Zeichenerklärung:
🚹 Information   ✈ Flugverbindungen   🚢 Eisenbahnverbindungen
🚌 Autobusverbindungen   🚢 Schiffsverbindungen
🏨 Erstklassige Hotels   🏨   Gute Hotels
🏠 Einfache Hotels, Gasthöfe und Pensionen
⚠ Jugendherbergen   ⚠ Campingplätze

Die in eckigen Klammern stehenden Ziffern decken sich mit den auf den Plänen
eingezeichneten Ziffern.

Kilometerangaben hinter Ortsnamen zeigen die Entfernung vom Beginn der
jeweiligen Route aus an.

Die Einwohnerzahlen entsprechen dem neuesten „Statistischen Jahrbuch" Dänemarks und geben jeweils die Bewohner des gesamten Gemeindegebiets an.

Farbige Ziffern am Seitenrand weisen auf die Routennummern hin

*

Wertung der Sehenswürdigkeiten:
** kennzeichnen bedeutende Landschaften, Orte, Gebäude oder Kunstwerke.
Um sie zu sehen, lohnt sich ein Umweg.

* kennzeichnet sehenswerte Objekte, die man in einem Land, in einem Ort oder
an einem Gebäude beachten soll.

*

7. Auflage · 1988/89
© 1977 by Polyglott-Verlag Dr. Bolte KG, München
Printed in Germany / Druckhaus Langenscheidt, Berlin/W.V.Zz.
ISBN 3-493-60872-1

		Mai	Juli	Aug.	Sept.
	I	16,2	21,8	20,9	17,1
	II	5	11,2	11	8,2
Aalborg	III	–	–	–	–
	IV	8	8	7	5
	V	34	76	72	73
	I	16,5	21,2	20,9	17,4
	II	6,3	12,3	11,9	9
Tønder Øst	III	10	17	17	15
	IV	7	7	6	6
	V	47	80	102	88

I = mittlere tägliche Maximumtemp. (°C); II = mittlere tägliche Minimumtemp. (°C); III = mittlere Wassertemp.; IV = mittlere Sonnenscheindauer (Std. pro Tag); V = mittlerer Niederschlag (in mm).

Wirtschaftsleben

Die Wirtschaft Jütlands ist hauptsächlich auf der Landwirtschaft und der Fischerei aufgebaut. Dank des fruchtbaren, lehmigen Bodens und des milden, feuchten Klimas können etwa 75 Prozent des Landes bebaut werden. Im Getreideanbau herrschen Gerste, Hafer und Grünfutter vor, aber auch Roggen, Weizen, Zuckerrüben und Kartoffeln werden viel angebaut.

Eine bedeutende Rolle spielt die Milchwirtschaft. Dänische Butter und dänischer Käse sind aufgrund ihrer Qualität berühmt. Neben Rindern werden auch Schweine und Hühner gezüchtet.

Die fischreichen Küstengewässer bedingten die Entstehung einer großen Konservenindustrie. Hauptsächlich werden Schollen, Heringe und Kabeljaus gefangen, letztere werden auch zu Klipp- und Stockfisch verarbeitet.

Da Dänemark keine Vorkommen von Kohle und Erzen besitzt, müssen diese industriellen Rohstoffe eingeführt werden. Von Bedeutung sind die Schiffswerften, die Molkereimaschinenindustrien, die Zementfabriken, die Zuckerfabriken, die Brauerei-Industrie, die Lebens- und Genußmittelherstellung und die Möbelindustrie. In Jütland gibt es auch beachtliche Textilfabriken.

Bevölkerung

Die Dänen sind ziemlich rein erhaltene Germanen. Dänemark hat etwa fünf Millionen Einwohner, das sind 116 (in Jütland etwa 74) pro km², von denen etwa ein Viertel in der Hauptstadt Kopenhagen leben. Etwa 95 Prozent der Bevölkerung gehören der „Dänischen Volkskirche", also der evangelisch-lutherischen Religion, an. Knapp ein Prozent ist römisch-katholisch. In Nordschleswig gibt es eine kleine deutschsprachige Minderheit. – Als erstes Land der Welt führte Dänemark schon Ende des 19. Jahrhunderts eine Volkspension ein.

Die Umgangsformen der Dänen sind offen, ungekünstelt und unkompliziert. Frauen und Männer sind gleichberechtigt. Kinder haben überall Vorrang. Besonderes Augenmerk wird auf eine hohe Wohnkultur und auf gutes Essen gelegt. – Eine Eigenart des Dänen ist das „Sichbedanken". Man bedankt sich ununterbrochen für irgendetwas. Das Wort *tak* („danke") kann man wirklich zu jedem Anlaß sagen.

Regierung

Dänemark ist eine konstitutionelle Monarchie und das älteste noch bestehende Königreich Europas. Seit 1972 steht Königin Margrethe II. an der Spitze der Monarchie. Das Einkammer-Parlament („Folketing") hat 179 Mitglieder. Die Regierung liegt in der Regel bei einer Mehrparteien-Koalition.

Aussprache des Dänischen

Die dänische Orthographie ist im wesentlichen historisch und gibt die heutige Aussprache nur unvollkommen wieder. Viele Wörter lassen sich jedoch mit den folgenden Hinweisen richtig aussprechen.

å (oder *aa*) wie o in Nord
æ wie ä
ø wie ö
aj, ej, øj wie ai, ei, eu
ch ungefähr wie sch, in *Christian* wie k
d zwischen Vokalen und im Auslaut wie engl. *th* in *the*, vor *s* und *t* und nach *l, n* und *r* meist stumm

g zwischen Vokalen häufig wie der stimmhafte Reibelaut g in norddeutsch Wagen
gj wie j
hj, hv wie j und w
s wie ß in naß
v wie w
y wie ü
egn, ogn wie ä-in, o-un

Nicht aufgeführte Buchstaben werden wie im Deutschen ausgesprochen

Geschichtlicher Überblick

Dänisches Dreilöwen-Wappen

Die Cimbern

Bereits im 2. Jahrhundert v. Chr., wird Jütland von dem germanischen Stamm der Cimbern (auch Kimbern = „Kämpfer") besiedelt. Infolge einer verheerenden Sturmflut wandern sie nach dem Süden aus und erscheinen 113 v. Chr. in der römischen Provinz Noricum (Kärnten). Auf ihrer Rückwanderung verbünden sie sich am Rhein mit den ebenfalls aus dem Norden stammenden Teutonen und führen langwierige Kriege gegen Rom.

Die Jüten

Aus den in Jütland zurückgebliebenen Cimbern wird das seßhafte Volk der Jüten. 449 n. Chr. nehmen sie an dem großen Seezug der unter der Führung von Hengist und Horsa stehenden Angeln und Sachsen gegen England teil. Als einer der ältesten jütischen Könige wird Harald Hildetand genannt, der 695 in der Schlacht gegen den Schwedenkönig Sigurd Ring fällt. – Aus Seeland einströmende Dänen verbünden sich mit den Jüten. Sie fallen mehrmals in das Frankenreich ein. Auch England wird von ihnen unterworfen. Gorm der Alte (10. Jh.) vereinigt die dänischen Gaue. Fortan ist Jütland ein Bestandteil des Königreiches Dänemark.

Die Wikinger

Unter diesem Sammelnamen versteht man die skandinavischen Seefahrer des frühen Mittelalters, die auch von den dänischen Küsten aus Raubzüge in die umliegenden Länder unternahmen. Im 9. und 10. Jahrhundert suchen sie die Küsten Frankreichs, der Niederlande und des Frankenreiches heim. Auf ihren flachen Booten dringen sie auf den Flüssen tief in das Binnenland ein und machen in den Städten und Dörfern reiche Beute. Sie plündern u. a. Paris, Aachen, Köln, Trier, Metz, Bingen, Mainz und Worms.

886 erkauft sich Karl der Große ihren Abzug durch hohe Geldsummen. Als „Normannen" setzen sie sich an der französischen Küste fest und erobern in der Folgezeit England.

Die Wikinger besetzen 860 Island, später auch Grönland, das heute noch dänischer Besitz ist. Von dort sollen sie auch erstmals die Küsten Nordamerikas erreicht haben, das sie wegen der dort wild wachsenden Reben „Vinland" nannten.

Das Mittelalter

Gorm der Alte (s. linke Sp.) gilt als erster König eines geeinten Dänemarks. In der Folgezeit toben erbitterte Kriege gegen die deutschen Kaiser. Zeitweise umfaßt Dänemark mit Einschluß Norddeutschlands und des südlichen Skandinaviens mehr als 100 000 km^2. Um den Besitz von Schleswig und Holstein wird jahrhundertelang mit wechselndem Erfolg gekämpft.

1285 bis 1320 werden große Teile Dänemarks von den Norwegern erobert. Im 14. Jahrhundert kommt es zu heftigen Kämpfen mit den Hanseaten. 1387 wird Margrethe I. Herrscherin von Dänemark und Norwegen, ein Jahr später auch von Schweden. 1397 beruft sie die Stände nach Kalmar (Südschweden), wo die „Kalmarische Union" beschlossen wird, nach der nur mehr ein König über die drei skandinavischen Reiche herrschen soll.

Die Reformationszeit

Unter Christian II. zerfällt im 16. Jahrhundert die Kalmarische Union. Es folgen heftige Auseinandersetzungen zwischen dem König, dem Adel, den Bauern, den Ständen und der Geistlichkeit.

Unter Christian III. (1536–1559) wird Dänemark anstelle der Hanse die vorherrschende Macht in der Ostsee. Der Klerus verliert alle weltliche Macht, die lutherische Reformation setzt sich überall im Land durch. Der Adel übernimmt die Kirchengüter und stärkt seine Macht.

1626 verliert Dänemark Schleswig, Holstein und Jütland an die kaiserlichen Truppen und sieht sich durch Wallenstein sogar auf seinen Inseln bedroht.

Im Frieden von Lübeck (1629) verzichtet Dänemark auf seine Vorrangstellung und erhält Jütland zurück. Weitere Niederlagen gegen die Schweden schwächen das Land. Die Großmachtstellung Dänemarks geht verloren.

Im Jahr 1700 beschießt eine vereinigte holländisch-schwedisch-englische Flotte Kopenhagen, doch gelingt es den Angreifern nicht, die Stadt zu erobern. Dadurch wird Dänemark vor der drohenden Invasion bewahrt.

Das 18. und 19. Jahrhundert

Friedrich IV. (1699–1730) hebt die Leibeigenschaft der Bauern auf. Kriege gegen Schweden enden mit Niederlagen.

Nach dem Eintritt Dänemarks in das „Nordische Bündnis" wird das Land 1801 von dem Angriff der britischen Flotte unter Nelson überrascht. Die gesamte dänische Flotte muß sich den Engländern ergeben.

Auch 1807 greifen die Briten das Land an, bombardieren die Stadt Kopenhagen und nehmen mehr als 75 dänische Schiffe als Beute nach England mit. Daraufhin verbündet sich Dänemark mit Frankreich und erklärt England und Schweden den Krieg.

Nach dem Sturz Napoleons verliert Dänemark alle seine überseeischen Kolonien, Island und Helgoland werden von den Engländern eingenommen. Später verliert Dänemark auch das vier Jahrhunderte mit ihm verbunden gewesene Norwegen. Es folgt ein Staatsbankrott. Die Stände verlangen Mitbestimmung in Regierung und Verwaltung.

Unter Christian VIII. (1839–1848) wächst die Unzufriedenheit des Volkes. Die Idee des „Skandinavismus" wird neu belebt. Eine Verbindung der drei skandinavischen Völker wird angebahnt.

1848 zwingen öffentliche Demonstrationen König Friedrich VII. dazu, auf die absolute Gewalt zu verzichten. Dänemark wird konstitutionelle Monarchie.

Das Herzogtum Schleswig, das bisher nur in Personalunion mit der dänischen Krone verbunden war, wird ihr nun formell einverleibt. Der darauffolgende Aufstand der Schleswig-Holsteiner wird 1850 niedergeschlagen.

1863 verleibt Christian IX. seinem Land auch das zum Deutschen Bund gehörende Herzogtum Holstein ein.

Der folgende Krieg gegen Preußen und Österreich endet mit einer Niederlage. 1864 müssen die Herzogtümer Schleswig und Holstein wieder abgetreten werden.

In den folgenden Jahrzehnten beginnt ein großer sozialer Aufschwung. Als erstes Land der Welt führt Dänemark eine „Volkspension" ein.

1899 wird in Århus das Schloß Marselisborg gebaut, ein „Hochzeitsgeschenk des Volkes" für Christian X. und Prinzessin Alexandrine.

Das 20. Jahrhundert

Im Ersten Weltkrieg (1914–1918) bleibt Dänemark neutral.

1920 kehrt Nordschleswig nach freier Abstimmung zum dänischen Mutterland zurück. Damit ist der jahrhundertelang während Streit um dieses Land endgültig geschlichtet und Dänemark erhält seine heutigen Landesgrenzen.

In der Folgezeit wird das politische Hauptaugenmerk auf die innere Stabilität gerichtet, die Standes- und Klassenunterschiede werden abgebaut, die Sozialfürsorge auch auf die Kleinbauern und Arbeiter ausgedehnt. Der königliche Hof wird „volksverbunden". Das Bildungswesen wird neu organisiert; 1933 erhält auch Jütland in Århus eine Universität.

Im Zweiten Weltkrieg wird Dänemark von deutschen Truppen besetzt.

1948 wird den Færøer-Inseln die Selbstverwaltung zugesichert.

1953 erhält das Land eine vom dänischen Volk durch eine allgemeine Abstimmung angenommene neue Verfassung mit neuen Grundgesetzen, nach denen u. a. auch das parlamentarische Zweikammersystem durch ein Einkammersystem (Folketing) ersetzt und die weibliche Thronfolge anerkannt wird. Grönland wird Teil des Dänischen Reichs mit eigenen Abgeordneten im Parlament.

Nach dem Tod von Frederik (Friedrich) IX. (1899–1972) wird Margrethe II. Königin von Dänemark.

1973 wird Dänemark zusammen mit Großbritannien und Irland EG-Mitglied; 1979 erhält auch Grönland eine Teil-Autonomie.

Seit mehr als zweitausend Jahren gilt Jütland als die Brücke zwischen dem europäischen Festland und dem hohen Norden. Obwohl die Zeit der Seefahrer und der Segelschiffe längst vorbei ist, sind in den Städten und Örten der jütischen Westküste noch immer viele alte Traditionen erhalten, die mit jenen fremden Kulturen vermischt sind, die die Seefahrer einst aus fernen Ländern heimgebracht haben.

Zeugnisse des Altertums

Aus dem Altertum sind noch viele bedeutende Zeugnisse erhalten. An den alten, von Norden nach Süden führenden Wegen gibt es Grabhügel aus der Steinzeit, Steingräber sowie Reste von Befestigungsanlagen und Grabstätten der Wikinger. Unter den Urzeitdenkmälern steht das große, etwa 5000 Jahre alte Steingrab *Troldkirken* (bei Nibe) an erster Stelle. Nicht viel jünger ist das „Posekjær Stenhus" bei Knebel (Århus), der größte und schönste Runddolmen Dänemarks.

In der Heide von Ydby (bei Thisted) sind 50 vorgeschichtliche Grabhügel zu sehen. In Ertebølle (Nordjütland) gibt es den berühmten „Køkkenmöddinger", einen Abfallhaufen aus einer der ältesten dänischen Wohnsiedlungen. Hier türmten die Steinzeitmenschen ihre Abfälle (Austernschalen, Knochenreste, Kohlenreste) auf.

Museen und Sammlungen

Museen mit vor- und frühgeschichtlichen Sammlungen, mit Erinnerungen an die Wikinger und die Seefahrerzeit gibt es in vielen jütischen Orten, so in Åbenrå, Haderslev, Kolding, Horsens, Ringkøbing, Sønderborg, Odder und Moesgård (bei Århus). Berühmt sind die prähistorischen Ausgrabungsstücke in den Museen von Århus, Silkeborg, Aalborg und Hjørring.

Aus dem Jahre 950 stammt die Wikingerburg Fyrkat (westlich von Mariager). Sie wurde mit einem acht Meter breiten und vier Meter hohen Erdwall umgeben. Die größte Grabstätte aus der Winkingerzeit ist Lindholm Høje (Aalborg) mit 682 Gräbern – darunter etwa 150 Wikingergräber in Schiffsform – aus der Zeit um das Jahr 800.

Im Museum von Silkeborg kann man den frühgeschichtlichen „Tollundmann", eine durch die mumifizierende Wirkung des Moors gut erhaltene Moorleiche, besichtigen. Das Museum von Skive wiederum beherbergt den größten Bernsteinfund des Landes, etwa 13 000 Bernsteinperlen an einer einzigen Kette.

Kirchen und Klöster

In Jütland stehen einige der größten und ältesten Kirchen Dänemarks: die Dome in Ribe (12. Jh., romanisch-gotischer Mischstil), Viborg (12. Jh. romanisch), Århus (um 1200, mit gotischen Anbauten aus dem 14. Jh.), Aalborg (spätmittelalterlich) und Haderslev (13. Jh., gotisch).

Zu den größten Sehenswürdigkeiten des Landes gehören die beiden Runensteine und die Kirche (10. Jh.) auf dem Friedhof von Jelling (bei Vejle), die auf den ersten Dänenkönig Gorm (s. S. 6) und Königin Thyra zurückgehen. Einer der berühmten Runensteine ist gleichzeitig die erste Darstellung einer Christusfigur im Norden.

Im 12. Jahrhundert gründeten Zisterziensermönche zahlreiche Klöster, u. a. Øm (bei Horsens) und Vitskøl (bei Løgstør), von denen noch schöne Ruinen erhalten sind. In ein Rittergut umgewandelt wurde das Kloster Børglum (1150). Zu den schönsten Kirchen Dänemarks zählt die romanisch-gotische Zisterzienser-Klosterkirche von Løgumkloster (nördlich von Tønder), in der auch ein prächtiger Flügelaltar aus der Zeit um 1500 erhalten ist. Eine Sehenswürdigkeit besonderer Art ist die Kirche von Nibe (südwestlich von Aalborg) aus der Zeit um 1415, mit spätmittelalterlichem Heringskutter-Modell als Kirchenschiff. Jütlands einzige noch erhaltene Rundkirche aus dem Mittelalter steht in Torsager (bei Århus). Sehr schön ist auch die spätmittelalterliche Kirche von Ringkøbing.

Charakteristisch für den romanischen Kirchenbau (mehr als drei Viertel aller jütischen Kirchen sind in romanischem Stil erbaut) sind die großen Granitsteine, die man in mühevoller Kleinarbeit zu viereckigen Quadern geformt und als Baumaterial verwendet hat. Im frühen Mittelalter wurde in Jütland eine Granit-Steinmetzkunst entwickelt, die zu den bedeutendsten in Europa zählte. Reliefs mit biblischen und symbolischen Darstellungen wurden in Granit gehauen und zur Einrahmung der Kirchenportale oder zur Zierde an anderen Stellen der Kirche verwendet. Berühmt sind die ostjütischen Taufbecken aus der romanischen Zeit (es gibt noch etwa 180) mit einzigartigen Löwen-Motiven. In dänischen Kirchen wurde der Löwe oft symbolisch als Warnung vor den außerhalb der Kirche drohenden Gefahren verwendet. Häufig sieht man zwei einander gegenüberstehende Löwen mit einem gemeinsamen Manneskopf reliefartig dargestellt.

Romanisches Taufbecken mit Löwenmotiv

Selbst in den kleinsten jütischen Dorfkirchen kann man zuweilen romanische Meisterwerke sehen. Sehr sehenswert sind die Dorfkirchen von Råsted (zwischen Randers und Hobro), Jelling, Broager (Ostjütland) und Møgeltønder (mit spätgotischem Altar und Barockkanzel). Aus riesigen Steinen errichtet wurde die Kirche von Hornslet (11 Jh.) in der Nähe des Schlosses Rosenholm, die auch ein berühmtes Taufbecken besitzt.

Freskenkunst

Während Jütland in der Kunst der Granitskulptur führend war, war es Seeland lange Zeit in der Freskenmalerei. In Jütland gibt es nur wenige mit Fresken ausgeschmückte Kirchen. Die Freskenkunst begann um das Jahr 1375 gleichzeitig mit der Entfaltung des gotischen Stils. Die Fresken stellten für den des Lesens Unkundigen eine Art Bilderbibel dar. Schöne gotische Fresken kann man heute noch in der St.-Marien-Kirche von Sæby und in der reich geschmückten Steinquaderkirche von Jetsmark (bei Pandrup) sehen. Eigenartige Fresken aus der romanischen Zeit (um 1180) sind in der Ferring-Kirche von Fries (bei Lemvig), seltene Kalkmalereien in byzantinischem Stil in der Dorfkirche von Grønbæk (nördlich von Silkeborg) zu besichtigen.

Als prächtigstes Beispiel einer reich geschmückten gotischen Kirche wird oft Vrå (Nordjütland) bezeichnet.

Sehenswerte Dorfkirchen

Es folgt eine Auswahl der schönsten Dorfkirchen. Die angegebenen Ziffern decken sich mit denen der Karte Seite 11.

1. Møgeltønder: romanisch, spätgotische Altartafel um 1500; Barockkanzel (s. S. 45).

2. Kliplev: 15. Jh., mittelalterlicher Glockenturm (s. S. 47).

3. Broager: romanisch, gotischer Turm; Fresken um 1250 und 1500 (s. S. 40).

4. Løgumkloster: romanisch-gotisch; Flügelaltar um 1500 (s. S. 42).

5. Brøns: großer Tuffsteinbau, reiche Mauerausschmückung (s. S. 43).

6. Rømø: Schifferkirche mit schönen alten Holzschnitzereien; Anbauten (s. S. 43).

7. Sønderho: schöne Schifferkirche mit 15 Schiffsmodellen (s. S. 63).

8. Nordby: Schifferkirche (s. S. 63).

9. Vilslev: um 1150, Fresken 13. Jh.

10. Jernved: Tuffsteinkirche, um 1150; reich geschmückte Apsis.

11. Starup: vor 1100; restauriert.

12. Andst: imposante Quadersteinkirche; Kassettendecke aus dem 17. Jh.

13. Øster Starup: Höhepunkt der romanischen Granitplastik.

14. Billum: um 1200; Wappenfresken um 1300: jütische Geschlechter (s. S. 62).

15. Ål: eindrucksvolle Bilderfriese, Fresken vom Anfang des 13. Jh.

16. Jelling: 10. Jh., rekonstruierte älteste Fresken Dänemarks, berühmte Runensteine neben der Kirche (s. S. 50).

17. Hedensted: Apsisfresko: Christus als Weltrichter.

18. Tamdrup: 11. Jh.; „Goldener Altar" (Original im Nationalmuseum von Kopenhagen).

19. Ørreslev: 12. Jh.; romanische Fresken.

20. Venge: 11. Jh.; Triumphbogen mit Säulenportalen.

21. Nørre Vium: 12. Jh.; Rundbogenfenster, turmlos, mit Glockenstuhl.

22. Gellerup: 11. Jh.; älteste dänische Kirche; schönes Portal.

23. Hee: Granitquader, um 1150 (s. S. 61).

9

24. *Stadil:* Renaissance-Altar (s. S. 61).

25. *Vedersø:* Grab des Dichters Kai Munk am Ostgiebel; Kanzel um 1514 (s. S. 61).

26. *Ferring:* große Freskenfriese um 1200. Liegt direkt in den Dünen.

27. *Sahl:* prächtiger goldener Altar (13. Jh.); schönes Säulenportal.

28. *Lime:* uralter Granitbau; reich geschmücktes Taufbecken; Fresken.

29. *Grinderslev:* schön geschmückte Apsis; Fabeltiere an der Sakristei.

30. *Hvidbjerg:* Tonreliefs um 1500.

31. *Vestervig:* große Basilika; Bildquader, Fresken, romanische Gräber (s. S. 59).

32. *Gronbæk:* Fresken um 1225; Apsis mit Säulen und Rundbögen.

33. *Sjørslev:* 12. Jh.; Quadersteinkirche mit berühmten Löwenplastiken.

34. *Hvorslev:* Granitkirche; romanische Fresken aus dem 12. Jh.

35. *Todbjerg:* prachtvolle Löwenplastiken im Portal aus dem 12. Jh.

36. *Hornslet:* 12. Jh.; 14 Generationen der Familie Rosenkrantz sind in der Kirche begraben (s. S. 52).

37. *Thorsager:* Rundkirche aus dem 12. Jh. (s. S. 52).

38. *Virring:* anglo-normannisch; 11. Jh.

39. *Gjerrild:* romanisch; weißer Kalksteinbau, mit Rundstäben geschmückt (s. S. 53).

40. *Råsted:* romanische Fresken (s. S. 54).

41. *Stenild:* berühmter Löwentaufstein aus dem 12. Jh.

42. *Foulum:* romanisch; Kanzel 16. Jh.

43. *Skarpsalling:* um 1150; turmlos.

44. *Jetsmark:* Granitquaderkirche; Fresken (15. Jh.); Kanzel 16. Jh. (s. S. 57).

45. *Vrå:* Fresken, Altartafel 15. Jh. (s. S. 55).

46. *Vennebjerg:* englisch-normannische Südtür, Balkendecke (s. S. 57).

Rittergüter, Burgen, Schlösser

Die ersten dänischen Burgen, die unmittelbar nach der Wikingerzeit entstanden, wurden aus Holz erbaut (erst Ende des 11. Jhs. Ersatz durch Steinbauten). Aus dieser Zeit sind nur spärliche Fundamente erhalten geblieben.

Aus den wohlhabenden Klöstern des Mittelalters entstanden nach der Reformation (1536) Rittergüter, teilweise mit tiefen Wallgräben umgeben und mit Wehrtürmen und -gängen befestigt. Eine der wehrhaftesten Burgen Jütlands steht in Spøttrup. Die Anlage ist von zwei Wassergräben umschlossen und liegt verborgen hinter grasbewachsenen Wällen. Die meisten dänischen Schlösser entstanden zur Zeit der Renaissance, deren Architektur in Dänemark nicht von der deutschen oder italienischen, sondern von der niederländischen Renaissance-Bauweise beeinflußt ist. Charakteristisch sind die geschwungenen Giebel, die roten Ziegeldächer, die Sandsteinportale, die mit Kuppeln geschmückten Türme und die weiten Vorhöfe. Die königlichen Renaissanceschlösser, die auch als Vorbilder für die kleineren Schlösser des Landadels dienten, wurden nicht mehr zur Verteidigung, sondern zur Prachtentfaltung gebaut. In Jütland sind die besten Beispiele der dänischen Renaissance-Architektur die Schlösser Gammel Estrup, Voergård, Rosenholm und Ulstrup.

Ende des 17. Jahrhunderts erreichte der Barock Dänemark. Er entwickelte in Jütland eine eigene Stilvariante. In den Schloßkomplex mit Stallungen und Nebengebäuden wurde stets eine Parkanlage mit einbezogen. Schloß Clausholm (südlich von Randers) ist ein gutes Beispiel dafür.

Einige Burgen, Rittergüter und Schlösser sind der Öffentlichkeit ganz oder teilweise zugänglich, oft beherbergen sie Museen. Da die Öffnungszeiten sehr unterschiedlich und viele Anlagen nur im Sommer geöffnet sind, sollte man sich vor dem Besuch bei der Turist-Information danach erkundigen.

Es folgt die Aufstellung einer Reihe von bekannten Burgen, Rittergütern und Schlössern Jütlands; die davorstehenden Buchstaben (A bis W) bezeichnen die jeweilige Lage auf dem Plan Seite 11.

A. *Schackenborg:* Schloß 17. Jh., Rokokopark 1740; Schloßhotel, Restaurant (s. S. 45).

B. *Schloß Gråsten:* bei Abwesenheit der Königin Garten und Kirche zugänglich (s. S. 40).

C. *Sønderborg:* um 1100 gegründet, später zum Schloß umgestaltet; heute Kulturhistorisches Museum (s. S. 40).

D. *Gram:* Barockschloß mit Gebietsmuseum; großer Schloßpark, See, Alleen, botanische Seltenheiten.

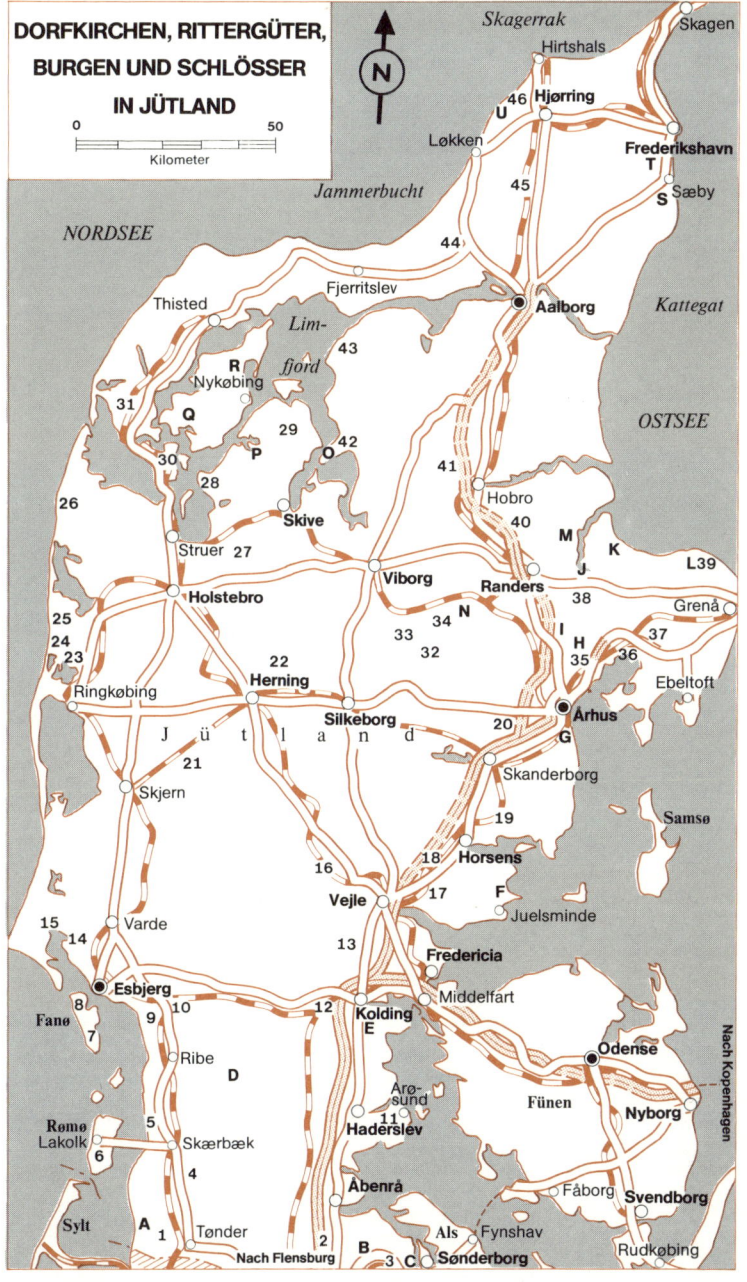

DORFKIRCHEN, RITTERGÜTER, BURGEN UND SCHLÖSSER IN JÜTLAND

0   50
Kilometer

Skagerrak
Skagen
Hirtshals
N
46 Hjørring
U
Løkken
Frederikshavn
T
45
S   Sæby
Jammerbucht

NORDSEE
44
Fjerritslev
Thisted
Aalborg   Kattegat
Lim-
fjord   43
R
Nykøbing
31   Q
29   OSTSEE
30   P   O 42
28
41
26   Hobro
Skive   40
Struer 27   M   K
Viborg   J   L39
Holstebro   Randers   38
25   34   N   Grenå
24   33   I   37
23   32   H   36
Herning   35   Ebeltoft
Ringkøbing
J   ü   t   l   a   n   d   Silkeborg   20   Århus
21   G
Skjern   Skanderborg   Samsø
19
16   18 Horsens
Vejle   17   F
15   13   Juelsminde
14   Varde
Fredericia
Esbjerg   Middelfart   Odense
Fanø   8   10   12 Kolding   Nach Kopenhagen
7   9   E
Ribe   Arø-
D   sund   Fünen   Nyborg
Rømø   5   11
Lakolk   Skærbæk   Haderslev
6   4   Fåborg   Svendborg
Sylt   A   1   Åbenrå
Tønder   2   Als Fynshav   Rudkøbing
Nach Flensburg   B   3 C Sønderborg

11

E. Koldinghus: Ruine einer alten Königsburg; im restaurierten Teil Schloßmuseum mit historischen Gegenständen, Bauernmöbeln u. a (s. S. 48).

F. Palsgård: um 1550, im 19. Jahrhundert umgebaut; nur Park zugänglich.

G. Moesgård: 1776 erbaut, heute prähistorisches Museum; im Landschaftspark prähistorischer Rekonstruktionen (s. S. 26).

H. Rosenholm: prächtig ausgestattetes Renaissanceschloß; 400 Jahre lang Sitz der Familie Rosenkrantz (s. S. 52).

I. Clausholm: reich ausgestattetes Barockschloß; berühmte Stuckdecke des Rittersaals; Sommerkonzerte (s. S. 52).

J. Gammel Estrup: Burg aus dem 13. Jahrhundert; heute Rittergutsmuseum und größte dänische Sammlung alter Landwirtschaftsgeräte (s. S. 53).

K. Løvenholm: im 16. Jahrhundert umgestaltetes Kloster, dann Rittergut, heute Schullandheim; Park zugänglich (s. S. 53).

L. Mejlgård: Schloß aus dem 16. Jahrhundert, im 20. Jahrhundert umgebaut; Schloßrestaurant in den alten Herrschaftssälen; Park.

M. Støvringgård: alter Adelssitz, sehenswerter Rittersaal und Kirche.

N. Ulstrup: Renaissanceschloß; „Mönchskeller" mit Folterwerkzeugen; Schloßrestaurant; im Park Zoo und Vergnügungseinrichtungen.

O. Hessel: Dänemarks letztes strohgedecktes Rittergut; voll möbliertes Wohnhaus aus der Zeit um 1800.

P. Spøttrup: prächtige mittelalterliche Burg mit Wassergräben; Ausstellungen im Rittersaal (s. S. 60).

Q. Glomstrup gut eingerichtetes Gebietsmuseum in kleinem Rittergut.

R. Dueholm: ursprünglich Kloster, dann Rittergut, jetzt Gebietsmuseum mit alten Möbeln, Werkzeugen, Waffen u. a.

S. Voergård: von 50 m breiten Wallgräben umgebenes Renaissanceschloß; heute Rittergutsmuseum; Gemäldegalerie (Rubens, Raffael, Goya, Corot).

T. Bangsbo: kleines Rittergut, jetzt Heimatmuseum: „Mühlenhaus"-Restaurant, im Sommer Volkstänze.

U. Børglum: mittelalterliche Klosterburg; bis 1536 Bischofssitz; im Sommer Kirchenkonzerte (s. S. 57).

Bauernarchitektur

Als die dänischen Bauern 1790 ihre Freiheit erlangten, wurden die alten Dorfgemeinschaften neben dem Sitz des Feudalherrn aufgehoben, die Höfe wurden aus den Dörfern in das freie Land verlegt. Nur an wenigen Orten sind noch die alten Dörfer mit ihren eng zusammengebauten Gehöften erhalten geblieben.

Als schönste Dorfstraße Dänemarks gilt die mit strohgedeckten Erkerhäusern gesäumte Schloßstraße von Møgeltønder, nahe der deutschen Grenze. In Nordjütland ist das am Flyndersee liegende Freilichtmuseum „Das alte Dorf in der Hjerl-Heide" sehenswert, in Haderslev das „Sønderjyllands Frilandsmuseum".

„Den gamle By" (s. S. 24)

Ein einzigartiges Beispiel der kleinstädtischen und dörflichen Kultur des 17. und 18. Jahrhunderts ist das Freilichtmuseum „Den gamle By" („Die alte Stadt") in Århus. Mehr als 50 alte Häuser wurden aus dänischen Provinzorten hier zusammengetragen. Jedes einzelne dieser gut erhaltenen Gebäude ist in ursprünglichem Stil eingerichtet und ein charakteristisches Beispiel für die dänische Bauweise der Zeit von 1600 bis 1800. – Im Unterschied etwa zu Norddeutschland und den Niederlanden sind in Dänemark die Häuser mit der Längsseite und nicht mit der Giebelseite zur Straße gebaut.

Sehenswert in diesem Freilichtmuseum ist vor allem der Bürgermeisterhof (1597), der als Museum für Heimkultur mit alten Möbeln und altem Hausrat eingerichtet ist. Alte Aushängeschilder weisen auf die Werkstätten verschiedener Handwerker hin. So haben z. B. in dem roten Haus neben dem Bürgermeisterhof Uhrmacher und Goldschmiede ihre Arbeitsstätten (umfangreiche Sammlung alter Uhren). Außerdem gibt es hier Werkstätten von Bäckern, Schuhmachern, Böttchern, Buchbindern, Korbflechtern, Tabakwicklern, Schreinern, Malern u. v. a., eine Wollspinnerei und Weberei mit alten Maschinen, eine im Stil der Zeit eingerichtete Apotheke, ein altes Postamt und ein Theater.

Auch auf die Bewahrung alter Bürgerhäuser wird viel Wert gelegt. Vor allem in den südjütischen Städten kann man noch malerische alte Straßenzüge mit Häusern aus dem 17. und 18. Jahrhundert sehen.

Speisen und Getränke

In Dänemark legt man viel Wert auf gutes Essen. Augenmerk wird aber auch darauf gelegt, daß die Speisen appetitlich, als „Augenweide" angerichtet werden. Kalte Gerichte spielen immer eine große Rolle dabei. [Charakteristisch für Jütland sind *Hakkebøf med løg* (dänisches Beefsteak mit Zwiebeln), Frikadellen mit Dampfkartoffeln, *Flæskekarbonader med grønærter* (Schweinskarbonade mit Erbsen), *Boller i selleri* (Klopse in Sellerie), gebratenes Fischfilet mit Kartoffelsalat, gekochtes Huhn mit Meerrettichsahne. Frisch aus dem Bach serviert werden Forellen, gekocht („Forelle blau") oder gebraten.] Vor dem Hauptgericht ißt man gerne eine klare Suppe mit Klößchen und Gewürzen. Die Gemüse werden im allgemeinen „natur", also ohne Soßen und Gewürze, zubereitet. Dann folgt Käse (man ißt ihn gern zum Schnaps). Den Abschluß bilden Kaffee oder Kognak (oder beides). Als Nachtisch nimmt man auch Süßspeisen; beliebt sind Apfelkuchen, Eierkuchen (*Pandekager*), Krapfen (*Æbelskiver*) und eine besonders leckere, in Deutschland unbekannte, dänische Spezialität: *Æblekage* mit Schlagsahne.

Eine typische Spezialität ist das inzwischen weit über die Grenzen des Landes hinaus bekanntgewordene

Smørrebrød

Im allgemeinen versteht man unter diesem „Butterbrot mit Belag" eine komplette Mahlzeit, da der „Belag" bzw. die „Beilage" des Brotes so reichlich ist. In den Restaurants kann man beim Smørrebrød zwischen Weißbrot (*franskbrød*), Graubrot (*surbrød*), Schwarzbrot (*rugbrød*) und Toast wählen. Die Brote werden dick mit Butter bestrichen, darauf kommt dann der Belag: halbweiche Eier und Garnelen (*halvbløde æg overdrysset med rejer*), Hering (*sild*), geräucherter Aal (*røget ål*), geräucherter Lachs (*røget laks*), Schinken (*skinke*), Fischfilet (*fiskefilet*), Salami (*spegepølse*), Käse (*ost*) u. a. m. Beliebt sind die Kombinationen mit Räucherspeckscheiben, Tomaten, Leberpastete und Trüffeln, Aspik und Meerrettich (*sprøde Baconskiver, tomatskiver, leverpostej med trøfler, Kraftsky ig pebberod*). Weiter gibt es als Belag Pürree aus frischem Räucherlachs, Eigelb, Meerrettich und Zwiebeln (*puré af ferst røget laks, æggeblomme, pebberod og løg*), Rinderpökelzunge mit Aspik (*Nykogt oksetunge med sky*) u. v. a. Gewöhnlich wird man mit zwei bis drei solchen „Broten" satt sein.

Die Platten

In der letzten Zeit hat das Smørrebrød in vielen Restaurants durch die sogenannten „Platten" einen Konkurrenten erhalten. Das sind Teller mit fünf bis sieben verschiedenen Kleingerichten, kalt oder warm, mit Brot und Butter dazu. Preismäßig ist so eine „Platte" am günstigsten. In manchen Restaurants kann man sich kalte Platten am Buffet selber zusammenstellen. Man bezahlt in der Regel den Preis für eine Platte, gleich, wie viel man sich auf den Teller „auflädt". Es zeugt von sehr schlechten Manieren, wenn man Bestandteile solcher Platten als „Wegzehrung" einpackt.

Die Mahlzeiten

Morgenmad nennt man in Dänemark das Frühstück. Es besteht wie bei uns im allgemeinen aus Kaffee, Tee oder Kakao, Brötchen (*Rundstykker*), Weißbrot (*Franskbrød*) oder anderen Brotsorten, auch Knäckebrot, Butter, Marmelade, oft auch Wurst und Käse. In größeren Häusern ist das Frühstück meist ein reichhaltiges Selbstbedienungsbuffet.

Frokost heißt eigentlich „Frühstück", doch versteht man hier darunter das Mittagessen. Um Irrtümer auszuschließen, wird es auch „Lunch" genannt. Man hat die Wahl zwischen Smørrebrød, kalten und warmen „Platten", dem „großen kalten Buffet" oder dem „Quick Lunch" in einem modernen Selbstbedienungsrestaurant.

Middag nennt man das Abendessen, das um 18 oder 19 Uhr beginnt. Es ist die Hauptmahlzeit des Tages, und besteht zumeist aus warmen Gerichten.

Getränke

Man trinkt vornehmlich Bier (*Øl*), zusammen mit einem Schnaps (Aquavit). Für Abstinenzler gibt es alkoholfreies *Hvidt*- oder *Skibsøl* und eine große Auswahl an Fruchtsaftgetränken. Auch Milch kann man ohne weiteres bestellen.

Alle Getränke, insbesondere alkoholische, sind in Dänemark relativ teuer.

Reisewege und Fahrpreise

Mit dem Flugzeug

Der internationale Flughafen Dänemarks ist Kopenhagen-Kastrup, das von zahlreichen Fluggesellschaften – auch als Drehkreuz für ganz Skandinavien – angeflogen wird.

Von fast allen europäischen Städten hat man (zumeist mehrmals) täglich eine Flugverbindung nach Kopenhagen.

Vom Kopenhagener Flughafen Kastrup aus gibt es mehrmals täglich Verbindungen zu den jütischen Flughäfen Billund, Esbjerg, Karup, Skrydstrup, Stauning, Sønderborg, Thisted, Tirstrup bei Århus und Aalborg.

Flugpreise nach Kopenhagen

(Economy-Kl.) Von:	E DM	R DM
Berlin	380,—	730,—
Frankfurt/M.	557,—	1070,—
Hamburg	310,—	595,—
Köln	508,—	976,—
München	676,—	1299,—
	öS	öS
Wien	6380,—	11660,—
	sfr	sfr
Zürich	735,—	1325,—

E = einfacher Flug; R = Hin- und Rückflug.

Auskünfte über ermäßigte Preise jeder Art erteilen die einschlägigen Fluggesellschaften und Reisebüros.

Mit der Eisenbahn

Von allen mitteleuropäischen Staaten gibt es mehrmals täglich ausgezeichnete Verbindungen über *Hamburg* nach Jütland. Von Hamburg fahren die Züge über Flensburg, Kolding und längs der jütischen Ostküste nach Fredericia, dann über Århus und Aalborg nach Frederikshavn, oder an der jütischen Westküste entlang über Niebüll und Tønder nach Esbjerg. Dort gibt es Anschlußzüge nach Nordjütland.

Fahrpreisermäßigungen:

Auf den dänischen Bahnstrecken gibt es ähnliche Preisermäßigungen wie in Deutschland. So bezahlen Personen über 65 Jahren zeitweise nur 50 Prozent des Fahrpreises. Beträchtlich ist auch die Ermäßigung bei Familien, wenn eine Person

(mindestens 3 müssen gemeinsam fahren) unter 21 Jahre alt ist. Kinder unter 4 Jahren fahren kostenlos, von 4 bis 12 Jahren zahlen sie den halben Fahrpreis.

Fahrpreise nach Århus und Frederikshavn

Von	2. Kl. DM	2. Kl. DM
Berlin	134,60	148,20
Frankfurt/M.	181,60	195,20
Hamburg	74,60	88,20
Köln	166,60	180,20
München	237,60	251,20
	öS	öS
Wien	2082,—	2176,—
	sfr	sfr
Zürich	235,—	246,—

Wer länger bleibt, kann eine „Monatskarte" lösen, die für 30 Tage gilt. Sie kostet etwa 1425 dkr in der 2. Klasse und 1815 dkr in der 1. Klasse. Diese Fahrkarten kann man schon vor Reiseantritt in den Filialbüros der *Dänischen Staatsbahnen* in Hamburg und Berlin lösen bzw. über größere Reisebüros bestellen.

Sehr beliebt ist die „Touristen-Netzkarte", die man schon vor Reiseantritt in Deutschland kaufen kann. Sie berechtigt dazu, an 5 selbst gewählten Tagen im Zeitraum von 17 Tagen beliebig oft und weit zu reisen. Sie ist für alle Züge, Omnibusse und Fähren in Dänemark gültig und kostet etwa 500 dkr in der 2. Klasse.

Für Jugendliche und Senioren sind die *Interrail-Tickets* besonders günstig; sie sind für eine unbegrenzte Anzahl von Reisen innerhalb eines Monats in ganz Westeuropa gültig.

Unbegrenzte Fahrt in allen vier skandinavischen Staaten für 21 Tage ermöglicht die „Nordische Touristenkarte"; sie kostet in der 2. Klasse 396 DM, in der 1. Klasse 594 DM.

Mit dem Auto

Wer vom Süden mit dem Auto kommt, fährt am besten auf der Autobahn Hamburg–Flensburg (E 3) über den neuen Grenzübergang bei Frøslev und weiter auf der dänischen Autobahn bis Åbenrå. Die A 10 führt dann weiter über Kolding, Vejle, Horsens, Århus, Hobro, Aalborg und Frederikshavn nach Skagen an der Nordspitze von Jütland. Von allen genannten Städten zweigen sehr gute Straßen zu den Badeorten an der Ostküste sowie in das Landesinnere und zur Westküste ab. – Eine zweite ausgezeichnete Hauptverbindung längs durch Jütland ist die an der Westseite verlaufende „Grüne Küstenstraße", die von Tønder im Süden als Hauptstraße A 11 über Ribe, Esbjerg, Holstebro und Thisted bis nach Frederikshavn führt. – Von der fast parallel zur A 10 verlaufenden Autobahn im Osten Jütlands sind nur kleinere Teilstücke fertiggestellt.

Wenn man von Kopenhagen kommt, so durchquert man zuerst ganz Seeland, setzt bei Halsskov den Wagen auf die Fähre nach Knudshoved (Fünen), durchfährt die ganze Insel Fünen (teilweise Autobahn) und gelangt auf der Autobahnbrücke über den Kleinen Belt nach Kolding in Jütland. – Bei der Benutzung der Fähre Halsskov–Knudshoved empfiehlt sich in der Hauptsaison Reservierung eines Wagenplatzes bei einem dänischen Reisebüro oder bei einem Bahnhofsschalter der Dänischen Staatsbahnen.

Die Reise von Deutschland nach Jütland kann überall auf dem Straßenweg erfolgen; die Hauptgrenzübergänge liegen bei Süderlügum an der Westküstenstraße sowie bei Flensburg auf Autobahn und B 76.

Praktische Hinweise

Ärztliche Hilfe

Wegen der Verschiedenartigkeit der Regelungen in den einzelnen Ländern empfiehlt es sich, sich bei der eigenen Krankenkasse vor Antritt der Reise Merkblätter für den Krankheitsfall im besuchten Land zu besorgen.

Autofahrer

benötigen nur den nationalen Führerschein, Zulassungspapiere und das Nationalitätszeichen (D, A, CH). Die Grüne Versicherungskarte ist für Dänemark nicht mehr erforderlich, ihre Mitnahme aber weiterhin zu empfehlen.

Banken

sind montags, dienstags, mittwochs und freitags von 9.30 bis 16 Uhr, donnerstags von 9.30 bis 18 Uhr geöffnet (in kleineren Orten häufig Mittagspause). Samstags und sonntags sind alle Banken geschlossen, nur Wechselstuben haben zeitweilig geöffnet, oft auch werktags bis 22 Uhr.

Bedienungs- und Trinkgelder

In Hotels und Restaurants umfaßt die Rechnung auch Bedienungsgeld (15 %) und Mehrwertsteuer (22 %). Es ist daher unnötig, ein zusätzliches Trinkgeld zu geben. Im Unterschied zu Kopenhagen und anderen größeren Städten, wo auch im Taxifahrpreis das Trinkgeld bereits eingeschlossen ist, erwarten die Taxifahrer auf dem Lande und in kleineren Städten etwa 10 bis 15 Prozent des Fahrpreises. Gepäckträger auf dem Kopenhagener Hauptbahnhof und an Fährschiffen haben feste Tarife.

Camping

In Jütland gibt es etwa 300 Campingplätze, die bewacht sind und allen Erfordernissen (Trinkwasser, Toiletten, Duschen usw.) entsprechen. Für ihre Benutzung wird das CCI (Camping Carnet International) verlangt. Ausländern wird am Campingplatz für eine geringe Gebühr ein Ersatz-Carnet ausgestellt. Außerhalb der Lagerplätze dürfen weder Zelte aufgestellt noch Wohnwagen abgestellt werden.

Es ist ratsam, sich das offizielle Campingplatzverzeichnis (*Officiel fortegnelse over godkendte campingpladser i Danmark*) zu kaufen, in dem alle Campingplätze beschrieben sind. Die Wege zu den Campingplätzen werden auf allen Straßen durch eigene Camping-Wegweisertafeln angezeigt. Viele Campingplätze haben nur von Mai oder Juni bis August geöffnet. Genaue Auskünfte gibt die dänische Camping-Organisation: *Campingrådet*, Olof Palmesgade 10, 2100 Kopenhagen Ø. – Der Übernachtungspreis auf einem Campingplatz richtet sich nach dem Standard und beträgt 18−28 dkr für Erwachsene, 9−14 dkr für Kinder.

Devisenvorschriften

Dänisches Geld darf unbeschränkt ein- und bis zu 50 000 dkr ausgeführt werden. Die Ausfuhr einer höheren Summe ist nur dann zulässig, wenn der Reisende nachweisen kann, daß der Betrag den eingeführten Betrag an dänischer oder ausländischer Währung nicht übersteigt. Ausländische Zahlungsmittel dürfen unbegrenzt ein- und ausgeführt werden.

Fahrräder

gelten als „Reisegepäck" und dürfen frei eingeführt werden. Bei Mopeds ist eine Haftpflichtversicherung notwendig.

Feiertage

1. Januar, Gründonnerstag, Karfreitag, Ostersonntag, Ostermontag, Buß- und Bettag (4. Freitag nach Ostern), 1. Mai (ab 12 Uhr), Christi Himmelfahrt, 1. und 2. Pfingsttag, Verfassungstag (*Grundlovsdag*, 5. Juni; ab 12 Uhr, Banken ganztägig), 1. und 2. Weihnachtsfeiertag.

Geld

Münzeinheit ist die *dänische Krone* (Einzahl *krone*, Mehrzahl *kroner*; abgekürzt dkr) = 100 Øre, Gegenwärtig entspricht 1 dkr etwa 0,27 DM. Die Tageskurse können bei den Banken erfragt werden. Im Umlauf sind Banknoten zu 1000, 500, 100, 50 und 20 dkr und Münzen zu 10,5 und 1 dkr und 25, 10 und 5 Øre. 1973 wurden die Münzen zu 1 und 2 Øre abgeschafft. Bei Bezahlung eines Øre-Betrages, der nicht durch 5 Øre teilbar ist, wird der betreffende Betrag auf die Endziffer 0 oder 5 aufgerundet.

Hunde und Katzen

dürfen mitgebracht werden; für jedes Tier muß ein ärztliches Attest vorliegen, aus dem hervorgeht, daß das Tier mindestens einen, höchstens 12 Monate vor der

Einreise gegen Tollwut geimpft worden ist. Für die Bescheinigung ist ein von den dänischen Behörden anerkanntes Formular erforderlich!

Informationen

erteilen in Deutschland das *Dänische Fremdenverkehrsamt* in Hamburg. Glockengießerwall 2 und seine Filialen in Düsseldorf, Immermannstraße 56, sowie in München, Sonnenstraße 27; in Österreich die *Fremdenverkehrsvertretung für Dänemark* in Wien, Ferstelgasse 3/4; in der Schweiz das *Verkehrsbüro für Dänemark und Island* in Zürich, Münsterhof 14.

In Jütland gibt es in allen Orten von touristischem Interesse (insgesamt über 100) Informationsbüros (*Turistbureau*), die auch schriftliche Anfragen beantworten.

Jugendherbergen

In dänischen Jugendherbergen, die jetzt auch „Wandererheim" *(Vandrerhjem)* heißen, können auch Erwachsene wohnen. Mit der Mitgliedskarte eines Jugendherbergsvereins des eigenen Landes kommt man am leichtesten unter. Manche Jugendherbergen verlangen die Mitgliedschaft beim Internationalen Jugendherbergsverband (IYHF). Wer keinen Herbergsausweis besitzt, kann für 90 øre eine „Gästekarte" kaufen, die ein Jahr für alle dänischen Jugendherbergen gilt. Die Übernachtung kostet 31 bis 44 dkr. Für Familienzimmer wird ein kleiner Zuschlag berechnet. Das Bettzeug muß mitgebracht oder in der Jugendherberge gegen Entgelt geliehen werden. Genaue Auskünfte gibt *Danmarks Vandrerhjem,* DK-1620 Kopenhagen V., Vesterbrogade 39.

Konsulate

Die *deutsche* Botschaft befindet sich in Kopenhagen, Stockholmsgade 57, die *österreichische* in Kopenhagen, Grønningen 5, und die *schweizerische* in Kopenhagen, Amaliegade 14. Deutsche Konsulate gibt es in Jütland in Åbenrå, Aalborg, Århus, Esbjerg, Frederikshavn und Vejle.

Die *dänischen* Botschaften befinden sich in 5300 Bonn, Pfälzer Straße 14; A-1015 Wien I., Führichgasse 6; CH-3006 Bern, Thunstraße 95. – Außerdem gibt es dänische Konsulate in Berlin, Bremen, Cuxhaven, Düsseldorf, Flensburg, Frankfurt, Hamburg, Hannover, Kiel, Lübeck, München, Stuttgart; Innsbruck, Linz, Salzburg; Basel, Genf, Lausanne, Lugano, Zürich.

Ladenschluß

An Werktagen haben die Geschäfte und Apotheken meist von 9 bis 17.30 Uhr (freitags bis 19 oder 20 Uhr), samstags bis 12, Warenhäuser bis 14 Uhr geöffnet. Die Supermärkte auf den Bahnhöfen von Aalborg und Århus sind täglich von 8 bis 24 Uhr offen.

Netzspannung

220 Volt Wechselspannung (50 Hz), auf einigen Campingplätzen noch 110 Volt.

Postgebühren

Das Porto für eine Postkarte und für einen Brief (bis 20 g) beträgt innerhalb Skandinaviens und in die meisten europäischen Länder einheitlich 2,80 dkr. – Bei den dänischen Postämtern kann man Geld von bundesdeutschen Postsparbüchern abheben.

Unterkunft und Verpflegung

Pro Tag und Person kostet die Übernachtung mit Frühstück in einem sehr guten Hotel (🏨) über 300, in einem Mittelklassehotel (🏨) 150 bis 300, in einem einfachen Hotel (🏠) unter 150 dkr.

In *Restaurants* zahlt man für ein reichliches Mittagessen 100 bis 150, für ein Abendessen 120 bis 200 und für das „DAN-Menü" genannte Touristenmenü einheitlich 70 dkr, für ein entsprechendes Tourist-Cafeteria-Menü 52 dkr.

Wer länger in Jütland Ferien macht, kann ein Haus oder eine Wohnung auf dem Lande bzw. auf einem dänischen Bauernhof mieten. Jede Wohnung umfaßt mindestens 4 Betten, Wohnzimmer, Dusche und eine modern eingerichtete Küche. Es gibt drei Kategorien zwischen 500 und 1200 DM in der Hochsaison pro Woche (für 3 bis 6 Personen). – Daneben gibt es auch zahlreiche Bauernhöfe, die tageweise Feriengäste aufnehmen.

Visum und Paß

werden für einen Aufenthalt im Land von unter drei Monaten nicht mehr benötigt.

Zoll

Neben den persönlichen Gebrauchsgegenständen dürfen Bürger von EG-Ländern 300 Zigaretten, 4 Liter Wein, 3 Liter Spirituosen unter 22 % oder 1½ Liter Spirituosen über 22 % Alkoholgehalt mitbringen. Die erlaubten Mengen verringern sich jedoch für nicht in einem EG-Land sowie für zollfrei (z. B. in einem Duty Free Shop) eingekaufte Waren.

Ferien in Jütland

Die Halbinsel Jütland bietet dem Feriengast viele sehenswerte Orte und historische Stätten zum Besichtigen, mittelalterliche Kirchen und Rittergüter, schöne Renaissance-Schlösser, Kleinstadt-Idylle und „gemütliche" Dörfer; sie bietet aber auch große Freizeitgebiete, herrliche Badestrände und vielfältige Sportmöglichkeiten.

Beim Aussuchen eines Ferienortes muß man nicht unbedingt darauf achten, daß er „direkt am Meer" liegt. Wenn die Entfernung nicht zu groß ist, kann man auch aus dem Binnenland leicht und schnell mit dem Auto, dem Fahrrad oder einem öffentlichen Verkehrsmittel zu einem der zahlreichen Strände gelangen.

Für eine Rundfahrt durch ganz Jütland entlang den Küsten (etwa 1000 km) sollte man sich mindestens zwei Wochen Zeit nehmen, für eine Rundfahrt durch das historische Südjütland (etwa 350 km) drei bis vier Tage. Die geringen Entfernungen machen es möglich, in Jütland „Kombi-Ferien" zu machen: eine Woche Rundfahrt und Besichtigung der Sehenswürdigkeiten, anschließend zwei oder drei Wochen Urlaub am Meer.

Hervorzuheben ist, daß Jütland (und ganz Dänemark) sich besonders für Familienferien eignet. Kinder finden immer ein verständnisvolles Entgegenkommen, vielerlei Unterhaltung und Abwechslungen. Die ideale Form von Familienferien ist „Bondegårdsferie", der

Urlaub auf dem Bauernhof

Ein jütischer Bauernhof nimmt gewöhnlich höchstens zwei Familien auf. Die Zimmer sind meist einfach möbliert und nur selten mit fließendem Wasser ausgestattet. Bad und Toilette teilt man mit den Bewohnern des Hofes. Man macht tagsüber Ausflüge zum Strand oder durch die Wälder, und macht es sich am Abend mit der Wirtsfamilie gemeinsam beim oder nach dem Abendessen „gemütlich". Die meisten Bauern halten Tiere, und Stadtkindern bringt jeder Tag neue Erlebnisse. Ein Vorteil der „Bondegårdsferie" ist auch die reichliche, typisch dänische Hausmannskost.

Urlaub im Ferienhaus

Man mietet ein Sommerhaus oder eine Wohnung und sorgt selbst für die Verpflegung. Angeboten werden nur Ferienwohnungen mit mindestens vier Betten, einem Aufenthaltsraum, einem Bad und einer modernen Küche.

Jütische Gasthofferien

Zur Zeit haben sich 40 Gasthöfe unter der Bezeichnung *Jysk kro-ferie* („Jütische Gasthofferien") zu einer Gemeinschaft zusammengeschlossen, die besonders von älteren Urlaubern, die mit dem Auto reisen, gern in Anspruch genommen wird. Eine Tradition der alten jütischen Gasthöfe (die meisten von ihnen haben einen großen Garten oder Park) ist die individuelle Behandlung der Feriengäste. Tagsüber entspannt man sich, angelt oder geht spazieren, am Abend wird in der Wirtsstube gewürfelt, Karten gespielt und „Stimmung" gemacht. Auch wer am Abend „Urlaub vom Fernseher" machen will, wird sich in einem alten jütischen Gasthaus wohlfühlen. Im übrigen kann man überall zu seinem Essen statt des „obligaten" Biers auch Milch bekommen.

Urlaub am Meer

Herrliche Badeorte und Strände gibt es an der jütischen Westküste, auf den Inseln Fanø und Rømø, im Limfjord-Gebiet und an der jütischen Ostküste. Über die Westküste ist zu sagen, daß man an warmen Sommertagen am Strand fast nirgendwo Schatten findet, daß hier aber auch überall ein frischer Wind bläst. Die Ostküste, wo die Felder und Buchenwälder bis dicht an den Strand heranreichen, ist geschützter, und es ist dort nicht so windig.

An der Westküste muß man mit Ebbe und Flut rechnen, die auch geübten Schwimmern gefährlich werden können. Auch ist zu beachten, daß bei Landwind (Windrichtung vom Land zum Meer), niemals Luftmatratzen oder Schlauchboote benutzt werden sollten; es besteht die Gefahr, ins offene Meer abgetrieben zu werden! Auf jeden Fall aber sollte man immer nahe an der Küste bleiben. Kräftiger Wellengang kann ganz plötzlich auftreten. Im Limfjord und an der Ostküste sind diese Gefahren naturgemäß geringer.

Nacktbaden:

Es gibt eigene Strände für FKK-Freunde in *Henne* und *Odder*, wo man nur mit gültiger INF-Mitgliedschaft Zutritt hat, doch wird das Nacktbaden auch an vielen an-

Autostrand auf Fanø

deren Stränden gestattet. Als Feriengast kommt man bei „gegensätzlichen" oder „gemischtem" Badepublikum leicht in Verlegenheit. Hier entscheidet das Taktgefühl, ob man – wie es bei vielen Däninnen der Brauch ist – nur „oben ohne" oder „oben und unten ohne" badet. Wer sich gesittet benimmt, wird so oder so nirgendwo Anstoß erregen. Man kann auch an Stränden, wo nackt gebadet wird, ohne weiteres seine Badehose anbehalten.

Bevorzugte Strände:

Die beliebtesten Badestrände an der jütischen Westküste (Nordsee) sind die Inseln Rømø und Fanø, Blåvand, Vejers und Henne, Nymindegab, Holmsland Klit, Søndervig, Vedersø Klit und Bovbjerg. Nördlich des Limfjordes (Nordjütland) sind beliebt: Klitmøller, Slettestrand und Svinkløv, Blokhus, Løkken und Lønstrup.

Ganz oben im Norden liegen die Strände von Tversted, Skiveren, Kandesteerne und Gammel-Skagen.

Sehr schöne Badestrände an der jütischen Ostküste (Ostsee) sind im Norden Hulsig. Ålbæk, Sæby, Aså, Hals und Øster Hurup. Auf der Halbinsel Djursland: Fjellerup, Grenå, Ebeltoft und Mols. Südlich von Århus bevorzugt man die Strände von Rude, Sexild und Juelsminde und in Südjütland schließlich Hejsager, Kelstrup und Åbenrå. Gern badet man auch am Alssund und am dänischen Ufer der Flensburger Förde.

Im Limfjord sind vor allem die Badestrände der Insel Mors beliebt.

In den meisten jütischen Badeorten gibt es Touristen-Auskunftsbüros (Turistbu-

reauer), die nicht nur Hotelzimmer, sondern auch Sommerhäuser, Ferien auf dem Bauernhof und andere Ferienunterkünfte vermitteln.

Urlaub an den Seen

Das Gebiet um die malerischen Silkeborg-Seen in Mitteljütland, die von einem der höchsten Berge Dänemarks, dem 147 m hohen Himmelbjerg, „überragt" werden (von oben genießt man einen weiten Rundblick), zählt zu den beliebtesten Feriengebieten Jütlands. Hier gibt es gute Hotels und Gasthöfe, Campingplätze, Jugendherbergen, aber auch zahlreiche Kurbäder und Heilanstalten (Schlankheitskuren, Sauna, Aufbautraining, licht- und elektrotherapeutische Behandlung), sowie sehr gute Unterhaltungs- und Sportmöglichkeiten und touristische Einrichtungen.

Eine alte „Veteranenbahn" verkehrt zwischen Bryrup und Vrads. Wanderwege führen um die Seen herum und durch das wundervolle Heidegelände zwischen Vrads und Hjøllund. Die Hügel auf der Heide sind zusammengewehte Dünen. Auf den Seen selber gibt es viele Möglichkeiten zum Rudern, Paddeln, Segeln und Sportangeln. Lohnend ist auch die Fahrt auf dem ältesten noch bestehenden Raddampfer Dänemarks, der über hundert Jahre alten „Hjejlen".

Urlaub im Boot

Tausende von Touristen verbringen alljährlich ihren Urlaub im Kanu auf der *Gudenå*, die man von der Quelle bei Tørring bis zur Mündung durchfahren kann; in der Zeit bis zum 15. Juni besteht allerdings zwischen Tørring und Morso ein totales Wassersportverbot zum Schutz von Tieren und Pflanzen.

Auch die anderen jütischen Bäche und Flüßchen sind für „Kanu-Ferien" gut geeignet. Die *Skjern-Å* (Skjern-Bach) fließt von Rørbæk in westlicher Richtung nach Skjern. Im Gebiet von Skive kann man auf *Karup-Å* und auf *Flynder-Sø* bei der Hjerl-Heide fahren. An den Bächen gibt es zahlreiche Gasthöfe, die von Kanusportlern gern besucht werden. Es gibt auch eine Fülle von Campingmöglichkeiten für den, der es vorzieht zu zelten.

In den örtlichen Touristenbüros bekommt man die Adressen von Kanu-Vermietern. Man bezahlt etwa 120 bis 250 dkr pro Tag für ein Kanu. Es gibt auch geleitete Gruppen-Kanufahrten, bei denen täglich 15 bis 20 km zurückgelegt werden. Die Teilnehmer gelangen so in etwa 12 bis 14 Tagen aus der mitteljütischen Hochebene an die Ostküste Jütlands.

Segeln

Ein ideales Segelgewässer ist der *Limfjord;* dort weht stets eine frische Brise. Auch die jütische Ostküste mit ihren Förden (= Fjorden) und Sunden sowie dem Kleine Belt (Lillebælt) bieten ausgezeichnete Segelmöglichkeiten. Überall gibt es kleine Fischerhäfen, die den Segelsportlern zur Verfügung stehen.

Im Sommer werden Wettbewerbe und Regatten für Segler, die ihren Urlaub in Dänemark verbringen, veranstaltet.

Segelboote aller Größen werden an verschiedenen Stellen vermietet (große Preisspanne von 3000 bis 16 000 dkr je Woche). Man wende sich an die örtlichen Touristenbüros, wo auch Spezialprospekte für Wasserwandern im Limfjord erhältlich sind.

Sportangeln

Die jütischen Bäche und Binnenseen haben einen guten Fischbestand. Bevorzugte Angelbäche sind *Varde-Å, Skjern-Å, Storå, Karup-Å* und *Gundenå.* Angelkarten stellen die örtlichen Verkehrsbüros aus. Sie kosten zwischen 20 und 40 dkr pro Tag. Pro Woche hat man zwischen 75 und 100 dkr zu zahlen.

Im Gegensatz zum Binnenangeln braucht man für das Küstenangeln und Hochseefischen keine besondere Erlaubnis oder Angelkarte.

Von zahlreichen Fischerhäfen aus werden Kutterausflüge an die guten Fangplätze veranstaltet. An den Binnenseen kann man Boote zugleich mit dem Angelrecht für Hechte, Barsche und Forellen mieten. Am häufigsten kommen Brassen und Weißfische vor. An den Meeresküsten angelt man vor allem Plattfische, Kabeljaus und Meeresforellen. Im Frühjahr und Herbst tummeln sich vor allem dort, wo das Wasser flach ist, Makrelen und Hornfische.

Das Fischen innerhalb von 300 Metern vor der Einmündung jeder Art von Binnengewässern ins Meer oder in eine Förde (= Fjord) ist nicht gestattet. Auch müssen Sportangler darauf achten, daß für alle Fischarten Mindestfanggrößen festgesetzt sind und untergewichtige Fische wieder ausgesetzt werden müssen. Die Mindestfanggröße von 40 cm (Maulspitze bis Schwanzflossenende) bezieht sich auf Meeresforelle, Seeforelle, Hecht, Zander, Hechtdorsch (Seehecht) und

Lachs (Lachs aus der Ostsee 60 cm), die von 25 bis 27 cm auf Bachforelle, Schellfisch, Scholle (Goldbutte), Rotzunge, Flunder, Kliesche (Plattfisch) u. a.

Genaue Auskünfte und Sportangel-Prospekte erhält man von *Danmarks Sportfiskerforbund,* Worsåesgade 1, DK-7100 Vejle, und von den meisten örtlichen Verkehrsbüros.

Reiten

Das jütische Reitinstitut in Vejle (Jysk Rideinstitut, Postbox 55, DK-7100 Vejle) bietet abwechslungsreiche Ferien zu Pferd. Von Juni bis Ende September werden Reitkurse durchgeführt.

Daneben gibt es noch zahlreiche Reitzentren und Reitschulen in vielen jütischen Orten. Außerdem halten viele Hotel- und Gasthofbesitzer auf dem Land ein oder mehrere Reitpferde für ihre Gäste und bieten einen kompletten „Reiterurlaub" mit Vollpension und Reitpferd an.

Sehr beliebt sind die weiten Ausritte, die man auf der „Alten Heerstraße" (Gamle Hærvej), im Gebiet des Limfjordes und vor allem im südlichen Jütland unternehmen kann.

Für Kinder gibt es ein prächtiges „Wildwest-Ferienlager" in *Vorbasse* (Mitteljütland), wo die Dreizehn- bis Achtzehnjährigen „Ferien auf dem Pferd" verbringen können. Dort gibt es stilechte Cowboy- und Indianerlager und die romantische Landschaft gleicht der der amerikanischen Prärie. Im August werden von Vorbasse aus auch zahlreiche Fahrten mit dem Pferdewagen unternommen.

Tennis

Tennisplätze gibt es in fast allen größeren Touristenorten. Tennishallen findet man in den größeren Städten. Touristen sind immer willkommen, Gästekarten preiswert. Die örtlichen Verkehrsbüros vermitteln Spielzeiten.

Golf

Golf gehört in Jütland zu den beliebtesten Sportarten. Von Mai bis September werden von den jeweiligen Golfklubs offene Turniere veranstaltet. Alle Golfklubs besitzen Klubhäuser mit Bad, Umkleide- und Aufenthaltsräumen. Auch Trainer stehen überall zur Verfügung. Golfausrüstung kann man leihen.

In oder in der Nähe der folgenden Städte gibt es in Jütland die unten aufgeführten 23 Golfplätze:

Åbenrå (14 Löcher), Ålbæk (18), Aalborg (18), Århus (9), Brønderslev (18), Ebeltoft (18), Esbjerg (18), Fanø (18), Grindsted (9), Haderslev (9), Herning (18), Holstebro (18), Horsens (9), Juelsminde (9), Kolding (18), Løgstør (18), Nykøbing/Mors (6), Randers (18), Ribe (9), Silkeborg (18), Skive (9), Skjern (9), Thisted (9), Toftlund (9), Vejle (18), Viborg (9).

Gäste, die sich durch die Mitgliedskarte ihres Heimatklubs ausweisen können, sind überall willkommen. Die Preise liegen im allgemeinen an Werktagen zwischen 50 und 70, an Feiertagen zwischen 40 und 100 dkr.

Ferien mit dem Fahrrad

Kaum ein anderer Landesteil eignet sich so zum Radfahren wie Jütland. Hier gibt es keine Berge, nur Hügel, die man auch mit dem Rad bewältigen kann. Auch besitzt Jütland die besten Fahrradwege und ein dichtmaschiges, asphaltiertes Nebenstraßen- und Landstraßennetz, das von relativ wenigen Autos befahren wird. Einige der landschaftlich schönsten Gegenden sind für den motorisierten Verkehr verboten, das Radfahren jedoch ist dort gestattet. In allen jütischen Verkehrsvereinen gibt es Broschüren vom jeweiligen Forstamt, in denen markierte Radwanderwege angegeben sind.

In vielen jütischen Städten kann man Fahrräder mieten. Man bezahlt 20–50 dkr pro Tag oder 100–200 dkr pro Woche. Besonders leistungsfähige Sporträder (Vielgangräder) kosten das Doppelte. Am Bahnhof von Århus und an anderen Bahnhöfen Jütlands kann man Fahrräder mieten, die nicht am gleichen Ort wieder abgeliefert werden müssen.

Fahrrad-Urlaubsarrangements:

In Vejle, Viborg, Århus und anderen größeren Orten kann man Pauschalaufenthalte mit Fahrradtouren buchen (Mietfahrrad).

Unter dem Titel „Urlaub auf zwei Rädern" kann man in Jütland von Mai bis Ende September zwischen vier- bis 14tägigen Radfahr-Pauschalferienangeboten wählen, die auf guten Nebenstraßen mit geringem Verkehr durch die schönsten Gegenden des Landes führen. Es handelt sich dabei nicht um eine Gruppenfahrt, sondern man startet an einem selbst gewählten Tag, wobei alle Aufenthalte, Essenspausen und Übernachtungen (mit Mahlzeiten) im voraus geregelt sind. Die

Tagestouren sind maximal 50 km lang, d. h. man hat etwa 5 Stunden Fahrt in normalem Tempo zu bewältigen. Die Unterbringung erfolgt entweder in guten Hotels, in Gasthöfen der Mittelklasse oder in Jugendherbergen. Die Kosten für das Pauschalarrangement mit Fahrradmiete (Räder mit Gepäckträger, 2 Seitentaschen, Korb), detaillierter Routenbeschreibung, Kartenskizzen, Übernachtung, allen Mahlzeiten, Bedienungsgeld und evtl. Rücktransport des Fahrrades zum Ausgangspunkt der Tour sind je nach Dauer der Tour und der Unterkunftsart sehr unterschiedlich hoch. Wer sein eigenes Rad mitbringt, zahlt etwas weniger. Weitere Einzelheiten erfährt man beim Dansk Cyclist Forbund, Kjeld Langes Gade 14, DK-1367 Kopenhagen K. In der Bundesrepublik kann man diese Arrangements über verschiedene Reisebüros buchen bzw. dort alle näheren Auskünfte einholen. Für diese Touren gibt es auch ermäßigte Hin- und Rückfahrkarten von deutschen Bahnhöfen aus.

Kanu- und Paddeltouren

Ausgezeichnete achttägige Arrangements „alles inklusive" für Rundfahrten durch das Seengebiet und die schönsten Gegenden Mitteljütlands kann man beim *Silkeborg Turistbureau*, Torvet 12, DK-8600 Silkeborg, buchen. Genaue Prospekte werden auf Anfrage zugesandt. Bei den Kanufahrten (ein Kanu ist für 2 Erwachsene und 1 Kind berechnet) erfolgen die Übernachtungen auf Campingplätzen. Das Mitbringen eines eigenen Zeltes ist nicht erforderlich.

Wanderferien

Die dänischen Fremdenverkehrsämter geben jede gewünschte Information über die „Wandergebiete" Jütlands. Sehr beliebt sind Wanderungen an der jütischen Westküste zwischen Blåvands Huk und Thyborøn. Man kann die Wanderung auch längs des Limfjordes, um den Flyndersee und über die alten Heidestrecken zu den Dollerup-Hügeln fortsetzen. Man übernachtet am besten in den alten am Weg liegenden Gasthöfen.

Mit dem Auto an den Strand

In Jütland gibt es einige Strandabschnitte, die mit dem Auto befahren werden dürfen, so auf Rømø (12 km) und Fanø (11 km), bei Vejers Strand und Børsmose Strand (nur kleinere Abschnitte), vor allem aber an der Jammerbucht bei Blokhus (25 km).

*Århus

Århus (Aarhus; 250 000 Einw.) ist Dänemarks zweitgrößte Stadt und wird gern als „Hauptstadt Jütlands" bezeichnet. Die am Kattegatt liegende Stadt ist ein wichtiges Industrie- und Handelszentrum (Textilien, Maschinen, Lokomotiven u. a.), besitzt einen bedeutenden Hafen (zweitgrößter Dänemarks) und ist Sitz der wichtigsten jütischen Behörden und Institutionen.

Århus wurde im 10. Jahrhundert gegründet und war schon 948 Bischofssitz. Ältester Teil war der Bezirk um die Liebfrauenkirche. Ein weiterer Ortsteil entstand dann um die heutige Domkirche. Aus diesen beiden Kerngebieten bildete sich der Ort, der 1441 Stadtrecht erhielt. Im 16. und 17. Jahrhundert hatte die Stadt mehr Einwohner als Kopenhagen. In der Altstadt sind noch einige mittelalterliche Gebäude erhalten.

In Århus gibt es zahlreiche interessante Museen, fünf Theater, mehrere Tanzrestaurants, einen großen Vergnügungspark („Tivoli-Friheden") mit Promenadenkonzerten, Artistenshows, Revuen und Freilichtaufführungen, gepflegte Parkanlagen, ein großes Einkaufszentrum, ausgezeichnete Sportplätze, eine der schönsten Pferderennbahnen Nordeuropas, einen Golfplatz, drei Frei- und vier Hallenbäder, und – südlich der Stadt – ausgedehnte Wälder mit „Trimm-dich-Pfaden" sowie mehr als zehn Kilometer lange Badestrände.

Da Århus auch eine Universität mit 13 000 Studenten besitzt, haben junge Leute hier gute Möglichkeiten, mit ihren dänischen Studienkollegen bekannt zu werden. Außerdem organisiert das Verkehrsbüro für den Ausländer Abende mit deutschsprechenden dänischen Familien in deren Häusern, eine gute Gelegenheit zum gegenseitigen Kennenlernen, die man wahrnehmen sollte („Meet-the-Danes"-Programm).

In der ersten Septemberhälfte findet jedes Jahr die berühmte „Århuser Festwoche" statt, mit Darbietungen der städtischen Bühnen, der Konzert- und Musikvereinigungen, der Sportvereine usw. Diese Festwoche ist bei ausländischen Besuchern nicht wegen ihrer großen kulturellen Höhepunkte mit Oper, Ballett, Konzerten, Gastspielen berühmter Künstler, Dirigenten und Ensembles aus dem In- und Ausland, sondern auch wegen ihrer volkstümlichen Veranstaltungen beliebt. Es werden u. a. Straßentheater, Happenings, Kinderspiele und „Hinterhofrummel", Jahrmärkte und Sportveranstaltungen geboten.

Schließlich ist Århus auch als das Jazz-Zentrum Dänemarks bekannt. In den Jazz- und Beatlokalen treffen sich gute Jazzmusiker zur Jam-Session.

SEHENSWÜRDIGKEITEN

Während der Sommermonate führt das Verkehrsbüro täglich Stadtrundfahrten mit dem Autobus durch. Lohnend ist auch ein Spaziergang durch die Stadt, den man am besten am Rådhus-Plads beginnt. Hier erhebt sich das

Rathaus [1], in dem sich auch das *Städtische Verkehrsbüro* mit dem Touristen-Informationsschalter befindet. Das Rathaus (1938–1942) gilt als eines der Hauptwerke der modernen dänischen Architektur. Die Fassade ist mit norwegischem Marmor, die Säle sind kunstvoll mit Buchenholz verkleidet. Der große Rathaussaal wird oft für Ausstellungen und Konzerte benutzt. Die Westwand des Festsaals besteht ganz aus Glas. Vom 60 Meter hohen Rathausturm genießt man einen umfassenden Rundblick (Führung montags bis samstags um 11 (dänisch) und um 16 Uhr (fremdsprachig); Turmbesteigung nach Absprache mit dem Verkehrsbüro).

Vor dem Rathaus steht der von Mogens Bøggilds entworfene „Schweinebrunnen" mit Sau und Ferkeln; am Fuß des Rathausturms liegt der Springbrunnen mit der Figurengruppe „Agnete und der Meermann", Gestalten aus einem mittelalterlichen Volkslied. In dem Park hinter dem Rathaus ist die sehenswerte Skulptur „Das Århus-Mädchen" aufgestellt.

Nur wenige Schritte vom Rathaus entfernt liegen auf der einen Seite die neue *Konzerthalle (Musikhus)*, auf der anderen *Hauptbahnhof* [2] und *Hauptpostamt*.

Durch die Sønder Allé gelangt man in die

Søndergade [3], die Hauptgeschäftsstraße und *Fußgängerzone* der Stadt. Zu jeder Tageszeit herrscht hier ein geschäftiges Leben. Zwischen den Blumenarrangements, modernen Plastiken, Springbrunnen und Freiluftrestaurants entsteht besonders am späten Nachmittag eine echte „Korsostimmung".

Die obengenannte Straße führt mitten hinein in die Altstadt mit den Plätzen *Lil-*

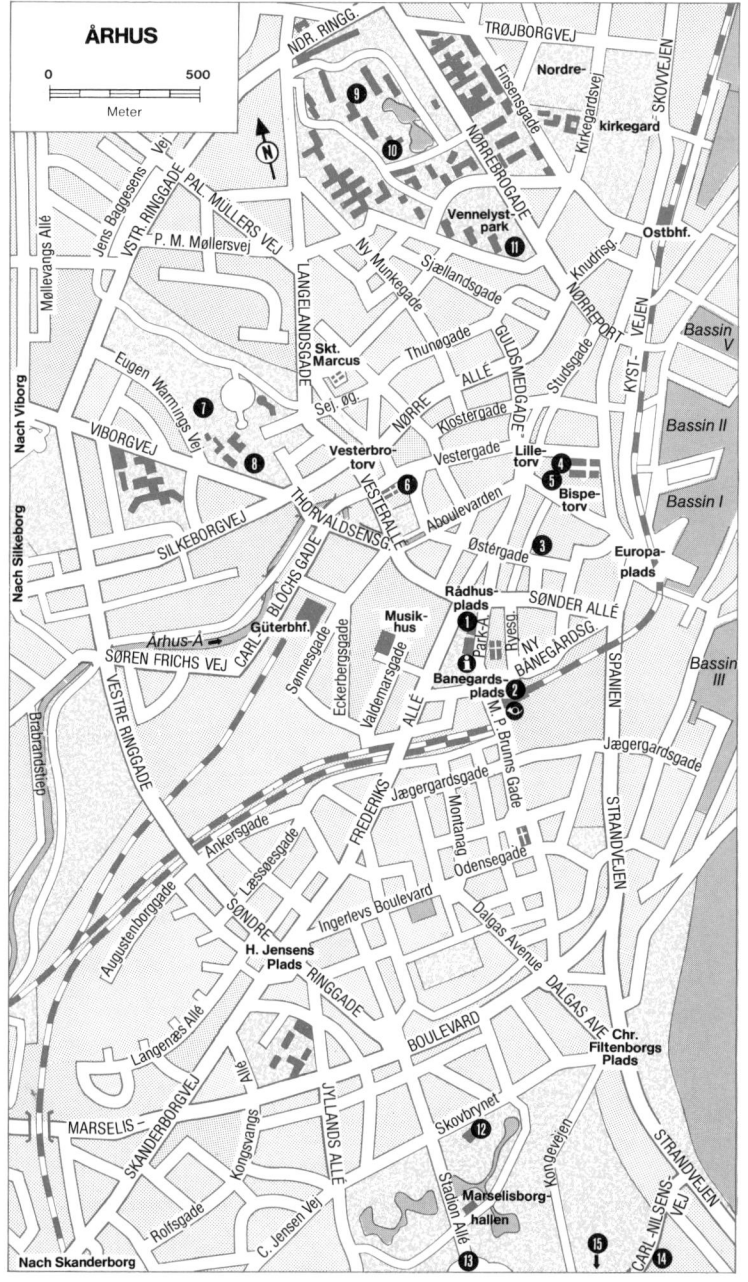

letorv, *Bispetorv* und *Storetorv*, auf dem ein charakteristischer Blumen- und Gemüsemarkt besuchenswert ist. An der Ostseite des Platzes erhebt sich der

*St.-Clemens-Dom [4].

Mit dem Bau wurde 1201 in romanischem Stil an der Stelle einer wesentlich älteren Holzkirche begonnen, er wurde jedoch erst im 14. Jahrhundert abgeschlossen. Im 15. Jahrhundert wurde der Dom in spätgotischem Stil umgebaut. In den Jahren 1921 bis 1927 versah man den Turm mit einer neuen Turmspitze.

In der 93 Meter langen Kirche (längste Kirche in Dänemark) beachte man vor allem über dem Hauptportal die im Barockstil ausgeführte Holzempore (1730) der schönen Orgel, die Glasmalereien, die Vielzahl der Freskenmalereien aus der Zeit um 1500, das von den Figuren der vier Evangelisten getragene Taufbekken aus dem Jahre 1481, die holzgeschnitzte Kanzel (1588) von Mikkel van Grønningen und die mittelalterlichen Domherrenstühle beiderseits des Chors.

Der große und reich verzierte Flügelaltar (1479) ist ein Meisterwerk des Lübecker Holzschnitzers Bernt Notke. Das Hochaltarbild ist das größte und figurenreichste aller dänischen Kirchen. Im Chor liegt auch das Grab des Kirchengründers Bischof Peder Vognsen (gest. 1204).

(Geöffnet an allen Werktagen von 9.30 bis 16 Uhr.)

Das Reiterdenkmal vor dem Dom stellt König Christian X. dar.

Nur wenige Schritte von hier entfernt liegen das *Wikingermuseum [5]* mit Erinnerungen an die Seefahrerzeit und alten Runensteinen (geöffnet montags bis freitags von 9.30 bis 16 Uhr) sowie das *Århus-Theater* (Spielzeit von September bis Juni).

Durch die Vestergade gelangt man zur

**Liebfrauenkirche [6],

dem um das Jahr 1100 errichteten ältesten Gebäude der Stadt. Aus dieser Zeit ist die sehr eindrucksvolle romanische Krypta erhalten, zu der vom Chor aus eine Treppe hinunterführt. Sie ist der älteste noch bestehende gewölbte Kirchenraum Skandinaviens.

Die Kirche selber wurde im 13. und im 15. Jahrhundert umgebaut und vergrößert. Im Innern beachte man die Renaissancekanzel, die mittelalterlichen Fresken, die barocken Epitaphien und das prächtige Altarbild (1520), ein Meisterwerk von Claus Berg.

Im anschließenden ehemaligen Dominikanerkloster (geöffnet montags bis freitags von 11 bis 14 Uhr, samstags nur von 10 bis 12 Uhr), das seit der Reformation als Spital und Altersheim dient, sind noch Teile des alten Kreuzganges mit schönen gotischen Bögen zu sehen. Erhalten ist auch noch der alte Kapitelsaal im Westflügel mit mittelalterlichen Fresken. Er dient heute als Betraum.

Nun folgt man am besten Vestergade, Vesterport und Vesterbrotorv und -gade in westlicher Richtung zum Viborgvej mit dem

Botanischen Garten [7].

Er enthält zahlreiche seltene Pflanzen und Gewächse aus aller Welt sowie ein tropisches Gewächshaus. Die Gewächshäuser sind montags bis samstags von 13.30 bis 15.30 und sonntags von 11.30 bis 15.30 Uhr geöffnet. In einem Teil des Botanischen Gartens liegt das

*Freilichtmuseum „Den gamle By" [8]

(„Die alte Stadt"). Die ausgedehnte Anlage enthält über 60 historische Häuser aus der Zeit zwischen 1600 und 1800 und veranschaulicht in eindrucksvoller Weise das Kleinstadtleben zu dieser Zeit. Mit

Im Freilichtmuseum „Den gamle By"

den alten Marktplätzen, Gassen, Brücken und Bauten, die aus allen Teilen Dänemarks hier zusammengetragen wurden, mit seinen vollständig eingerichteten Werkstätten und Bürgerwohnungen, seiner Bürgermeisterei, seiner Brauerei, seinem Postamt und seinem Zollamt ist es eine abgeschlossene „historische Musterkleinstadt" und eines der wichtigsten Touristenziele der Stadt (s. auch S. 12).

Die Inneneinrichtungen der Häuser geben einen ausgezeichneten Überblick über die bürgerliche Wohnkultur Dänemarks und die bäuerliche Wohnkultur Jütlands während der letzten vierhundert Jahre.

(Geöffnet täglich von 10 bis 17 Uhr.)

Im Gelände des Freilichtmuseums liegt auch das

Helsingør Theater aus dem Jahre 1817. In diesem Theater finden Opern- und Ballettaufführungen sowie Kammermusikabende im Stil der damaligen Zeit statt (Programmhinweise in den Tageszeitungen und beim Verkehrsbüro).

Die Langelandsgade führt in nördlicher Richtung zur modernen

Universität Århus [9], die inmitten eines 15 Hektar großen hügeligen Parks liegt. Hier studieren etwa 13000 Studenten. Die meisten Universitätsgebäude wurden in den Jahren 1933 bis 1946 errichtet und gehören zu den bedeutendsten Bauten der moderneren skandinavischen Architektur.

Im Universitätspark liegt auch das

Museum für Naturgeschichte [10], das einen guten Überblick über die jütische Bodengestalt, Fauna und Flora gibt. In der geologischen Abteilung wird auch die Entwicklung Dänemarks nach der letzten Eiszeit in eindrucksvollen Panoramen gezeigt. Die zoologische Abteilung ist vor allem wegen der naturgetreuen Darstellung zahlreicher exotischer Tiere in ihrer ursprünglichen Umgebung sehenswert; auf Tonbändern werden die dazugehörigen Tierstimmen akustisch vorgeführt.

(Geöffnet täglich von 10 bis 16, im Juli und August bis 17 Uhr.)

Im nahen *Vennelyst-Park* liegt das

***Kunstmuseum** [11] mit umfangreichen Sammlungen der dänischen Malerei und Bildhauerei seit 1770. Besonders gut vertreten sind die dänischen Landschaftsmaler des 18. und 19. Jahrhunderts. Eine Abteilung ist der zeitgenössischen Kunst gewidmet. Beachtenswert sind hier vor allem die modernen Skulpturen jüngerer dänischer Künstler.

Zu verschiedenen Zeiten finden im Kunstmuseum auch Sonderausstellungen, Veranstaltungen und „Materialienkompositionen" junger Künstler statt. Dem Museum angeschlossen ist ferner eine Kunstbibliothek mit Lesesaal.

(Geöffnet täglich, außer montags, von 10 bis 17 Uhr.)

Im Süden der Stadt der viel besuchte Volksgarten

Tivoli-Friheden [12] („Freiheit") mit dem Vergnügungspark „Tivoli" und den *Marselisborghallen.*

Im „Tivoli" gibt es zahlreiche Unterhaltungsdarbietungen, wie Promenadenkonzerte und artistische Aufführungen auf Freilichtbühnen, außerdem auch Volksbelustigungen, wie eine Berg- und Talbahn, eine Geisterbahn, Schießbuden, das älteste Pferdekarussel des Landes und ähnliches mehr. Im Tivoli-Theater finden Revuevorstellungen statt, in der Marselisborg-Halle werden Konzerte mit dem Stadtorchester von Århus gegeben, außerdem gibt es hier fünf Restaurants, jedes mit einer speziellen Atmosphäre. – (Öffnungszeiten des Vergnügungsparks von Ende April bis Mitte August täglich von 10 bis 23 Uhr.)

Durch das Waldgebiet um die große Anlage führt ein 2½ km langer „Naturpfad" mit Hinweistafeln auf die botanischen, zoologischen und geologischen Besonderheiten.

In der Nähe liegt das moderne

Århus-Stadion [13] mit einem Fußballplatz für 25000 Zuschauer, Leichtathletikplätzen, einer Tennishalle und Tennisplätzen u.a.m. – Hinter dieser Sportanlage befindet sich eine der schönsten Pferderennbahnen Europas (ganzjährig Rennen).

Etwas weiter südlich erstreckt sich der

Marselisborg-Gedächtnispark [14] mit dem eindrucksvollen Ehrenmal für die 4000 im Ersten Weltkrieg gefallenen dänischen Nord-Schleswiger. – An den Gedächtnispark grenzt die Parkanlage *Rømerhaven* mit sehenswerten Blumengärten. – Oberhalb des Gedächtnisparks steht das

Schloß Marselisborg [15], das in den Jahren 1899 bis 1902 gebaut wurde und heute die Sommerresidenz der Königin Margrethe und der königlichen Familie ist. Der Schloßpark ist seit 1974 für die Öffentlichkeit zugänglich (Eintritt frei), wenn das Schloß nicht bewohnt ist. Das Schloß selber war ein „Hochzeitsgeschenk" der dänischen Bevölkerung an Christian X. und Alexandrine.

Hinter dem Schloßpark liegt der *Forstbotanische Garten* mit seltenen Bäumen und anderen Gewächsen.

Das 10 km südlich der Stadtmitte gelegene, 1979 eröffnete

Århus Aquarium in *Traubjerg* präsentiert (ganzjährig täglich von 10 bis 18 Uhr) eine reiche Meeresfauna. – Noch weiter südlich erstreckt sich nahe der Küste der

Marselisborg-Wald mit einem abgegrenzten Tierpark für Rot- und Rehwild. Hier gibt es auch charakteristische alte Waldgaststätten, wie „Thorsmølle" am alten Mühlenteich und „Ørnereden" (Adlernest) auf einer Anhöhe über dem Meer. Auch der Campingplatz „Blommehaven" liegt hier.

Ein sieben Kilometer langer gelb markierter Wanderweg führt in Meeresnähe durch den Wald zum Strandbad *Moesgård* und zum idyllisch neben einer 300 Jahre alten Wassermühle gelegenen Restaurant „Moesgård Skovmølle". Vom Waldweg führen überall Seitenpfade zum Sandstrand. Von den höher gelegenen Aussichtspunkten hat man einen schönen Blick auf die Mols-Berge und auf den Ellemandsberg, der auf der Halbinsel Helgenæs liegt.

Das südlich von Århus liegende „Rittergut Moesgård" (*Herregården Moesgård*), dessen Hauptgebäude aus dem Jahr 1776 stammt, beherbergt in den Wirtschaftsgebäuden ein berühmtes

*Vorgeschichtliches Museum. Die archäologischen und ethnographischen Sammlungen zählen zu den besten des Landes. Zu den Schätzen des Museums gehören der Waffenfund aus Illerup, ein prächtiger antiker Silberkessel aus Gundestrup (eine keltische Arbeit) und der „Grauballe-Mann", eine über 1900 Jahre alte mumifizierte Moorleiche. Aus der Wikingerzeit besitzt das Museum mehrere Runensteine, die zu den ältesten historischen Denkmälern Dänemarks gehören.

Im großen Landschaftspark des Museums stehen prähistorische Monumente und Rekonstruktionen vorgeschichtlicher Häuser. Die ethnographische Abteilung beherbergt u.a. eine naturgetreu aufgebaute Eskimosiedlung, aber auch Gegenstände aus arabischen Ländern und ein Haus aus Nuristan. – Ein 2 km langer „Altertumspfad" führt vom Museum an alten Steingräbern vorbei zur Küste.

(Geöffnet von 10 bis 17 Uhr; November bis einschließlich Februar geschlossen.)

Auf dem Rückweg nach Århus lohnt es sich, das 1969 erbaute *Internationale*

Konferenzzentrum Scanticon in Højbjerg anzusehen. Der moderne, gut in die Landschaft eingefügte Bau zählt zu den beliebtesten Ferienhotels (s. unten 🏨) und größten Kongreßzentren Nordeuropas.

PRAKTISCHE HINWEISE

🅸 Städtisches Verkehrsbüro im Rathaus (Turmeingang).

✈ Flughafen Tirstrup (38 km nordöstlich); Air-Terminal: Bahnhofsplatz 16. Täglich mehrere Flüge nach Kopenhagen.

🚆 Hauptstrecke Fredericia-Aalborg.

🚢 5mal täglich nach Kalundborg (3 Std.).

🏨 „Atlantik", Europaplads; „Marselis", Strandvejen 25; „Ritz", Banegårdsplads 12. – „Scanticon", Højbjerg, Ny Moesgårdvej; „Mercur", Viby, Viby Torv 5.

🏨 „Missionshotellet Ansgar", Banegårdsplads 14; „Royal", Store Torv 4; „Motel La Tour", Randersvej 139; „Windsor", Skolebakken 17. – „Årslev Kro og Motel", Brabrand; „Kongreshotellet", Risskov.

🏠 „Eriksen", Banegårdsgade 6; „Park", Sønder Allé 3.

△ „Pavillonen", Risskov.

▲ „Blommehaven", Højbjerg; „Århus Nord", Lisbjerg; „Stautrup", Stautrup.

AUSFLÜGE

führen von Århus natürlich in alle Richtungen, vor allem aber auf die gewissermaßen „vor der Haustür" gelegene Halbinsel *Djursland* mit ihren zahlreichen Sehenswürdigkeiten, die in diesem Band als Teil der Route 4 ausführlich beschrieben sind.

Konferenzzentrum Scanticon

*Aalborg

Aalborg (Ålborg; 155 000 Einw.) ist die viertgrößte Stadt Dänemarks und mit seinen Industrien (Zement, Schiffsbau, Aquavit-Schnaps, Tabak) und seinem regen Handelsleben die wichtigste Stadt Nordjütlands.

Aalborg liegt an der schmalsten Stelle des *Limfjordes* , über den Brücken und unter dem ein moderner Autobahntunnel in den nördlichen Stadtteil *Nørresundby* führen. Die Geschichte der Stadt reicht bis in die Zeit der Wikinger (um 800) zurück, aus der die berühmte Grabstätte *Lindholm Høje* mit etwa 680 Gräbern (darunter rund 150 Gräber in Schiffsform) auf einem Hügel über dem Limfjord stammt. Es ist die größte nordische Begräbnisstätte aus der Wikingerzeit. Die Flotten der Wikinger sammelten sich in diesem Gebiet, bevor sie durch den Limfjord nach Westen auf ihre großen Eroberungsfahrten zogen.

Die Stadt selber wird zum ersten Mal im 11. Jahrhundert geschichtlich erwähnt. Um diese Zeit versandete die westliche Öffnung des Fjordes und die Wassertemperatur stieg an. Dies zog riesige Schwärme von Heringen an, die Jahrhunderte lang die Grundlage für den Handel Aalborgs bildeten.

1342 erhielt Aalborg das Stadtrecht. Große Handelshäuser und Kaufmannshöfe geben der Stadt heute noch das Gepräge. Aalborg besitzt eine große Zahl von Kulturdenkmälern, eine sehenswerte Altstadt, interessante Museen, einen großen Vergnügungspark „Tivoliland", einen Zoologischen Garten und viele Unterhaltungsmöglichkeiten. Mit seiner herrlichen Umgebung, Dänemarks größtem Waldgebiet und einer Reihe breiter weißer Sandstrände entwickelte es sich in den letzten Jahren zu einem beliebten Ferienzentrum.

SEHENSWÜRDIGKEITEN

Wenn man Zeit hat, so lohnt sich zuerst ein Bummel durch die malerische Altstadt, in der es auch mehrere Fußgängerstraßen mit guten Einkaufsmöglichkeiten gibt. Ausgangspunkt ist die

Vesterbro [1], die Hauptstraße der Stadt. Hier steht auch die hübsche Skulptur des „Gänsemädchens" (*Gåsepigen*) aus dem Jahre 1937, ein Geschenk der Tabakfabriken Obels an die Stadt.

Beim *Hotel Phønix*, einem ehemaligen Adelspalais aus dem Jahre 1783, überquert man die Straße und geht durch die *Algade* zum

Historischen Museum [2], das in einem Ende des 19. Jahrhunderts im Stil der Neurenaissance errichteten Bau untergebracht ist. Es enthält bedeutende Sammlungen zur Stadtgeschichte, eine große Glassammlung aus dem 19. Jahrhundert und eine Sammlung von Funden aus der Wikingerbegräbnisstätte Lindholm Høje (s. S. 31). Beachtenswert ist ferner die vollständig eingerichtete Bürgerstube aus dem Jahre 1602 („Aalborgstube"), die einzige erhaltene ihrer Art in Skandinavien. (Geöffnet täglich von 10 bis 17 Uhr.)

Neben dem Museum liegt die Postabfertigung. Nur wenige Schritte weiter kommt man zur

*St.-Budolfi-Kirche** [3], dem erst im 14. Jahrhundert gegründeten und im 16. und 18. Jahrhundert erneuerten Dom der Stadt. Er ist der „jüngste" aller dänischen Dome und ist nach dem englischen Schutzpatron der Seeleute benannt. Das farbenprächtige Innere ist wegen seiner Renaissance-Ausstattung sehenswert.

Man beachte vor allem den Hochaltar mit zwei großen Bronzeengeln, die Kanzel (17. Jh.) und das barocke Taufbecken (18. Jh.). Beachtenswert sind ferner die kunstvollen Renaissance-Emporen, die alten Grabdenkmäler an den Wänden und die mittelalterlichen Fresken in der Vorhalle. Der 60 Meter hohe, viereckige Turm aus der Zeit um 1780 enthält ein schönes Konzert-Glockenspiel (von 1970), das zwischen 9 und 22 Uhr zu jeder vollen Stunde in Betrieb ist.

Weiter durch die Algade bis zur

Liebfrauenkirche [4] (*Vor Frue Kirke*). Sie wurde um 1100 ursprünglich als Klosterkirche erbaut und besitzt aus dieser Zeit noch Bildtafeln im Westgiebel. Diese granitenen Bildquader sind die ältesten christlichen Skulpturen in Nordjütland. Die jetzige Kirche wurde 1879 gebaut. In ihrem Innern ist die alte Grabkapelle der Familie Lunge mit schönen (restaurierten) Grabinschriften sehenswert. – Im Süden schließt an die Kirche ein rotes

Fachwerkhaus [5] an; es wurde beim Bau des neuen Postamtes in der Algade nach hier versetzt. Bis 1980 beherbergte

es, zusammen mit dem dahinterliegenden klosterähnlichen Gebäude, die *Nordjütländische Landesbücherei*. Seit 1981 stehen diese Bauten teils der Vor Frue Kirke für verschiedene Zwecke, teils dem Lokalhistorischen und dem Dänischen Auswandererarchiv zur Verfügung.

Die Landesbücherei ist jetzt im neuen Mitbürgerhaus des nahegelegenen Häuserblocks Fjordegade/Nørregade.

Sehr malerisch und idyllisch ist die hier abzweigende winkelige *Klokkestøbergade* („Glockengießerstraße") mit vielen alten Häusern.

Ebenso sehenswert ist die Gasse *Hjelmerstald* [6] südwestlich der Liebfrauenkirche, deren kleine Häuschen fast alle das gleiche Aussehen haben. An der Ecke zur geschäftigen Bredegade steht ein großes Fachwerkgebäude aus dem Jahre 1680, Dänemarks ältestes noch bewohnte Mietskaserne. Der Hofplatz im Innern des Baus hat sich seit dieser Zeit kaum verändert. In der benachbarten *Peder Barkesgade* stehen die kleinsten Häuser der Stadt.

Die *Slotsgade* führt zum *Slotspladsen* (Schloßplatz) am Hafen mit dem sogenannten

Aalborghus [7]. Das Aalborger Schloß wurde 1539 bis 1555 von König Christian III. erbaut und später unter Christian IV. erweitert. Das einzige Verwaltungsschloß Dänemarks (hier waren die Büros für die Verwaltung der Krongüter) ist heute Sitz des Landrates sowie des Staatsamtes. Da das Schloß nicht als Festung oder zu Repräsentationszwecken erbaut wurde, sieht es eher wie ein großer Kaufmannshof aus. Der Schloßhof ist werktags frei zugänglich. Im Westteil des Gebäudes liegen die langgestreckten·Tonnengewölbe, die als Vorratskeller für die landwirtschaftlichen Erzeugnisse der umliegenden Landes dienten. Im Hof liegt auch der Eingang zum ehemaligen Marstall und zum Gefangenenverlies, einem fensterlosen Raum mit blankem Erdboden.

Etwas weiter östlich liegt in der Nyhavnsgade der

Aalborger Viehmarkt [8], der größte Viehmarkt Skandinaviens. Markttage sind Dienstag und Freitag (9–12 Uhr). Zu dieser Zeit kann man hier interessante Studien jütischen Volkstums machen.

Vom Schloßplatz führt die Straße *Ved Stranden* zum

Simonis Gård (*Haabets Gård*) [9], dem 1816 erbauten schönsten Empirehaus der Stadt. Ein Stuckfries an der Fassade berichtet, daß es das älteste Weinhaus Jütlands ist.

Sonst folgt man der vom Hafen nach Süden führenden breiten *Østeragade*, die über einem zugeschütteten Kanal mit Kaianlagen verläuft. Rechts sieht man den

Patrizierhaus von Jens Bang

***Jørgen Olufsen Gård** [10], den nach einem Bürgermeister des 17. Jahrhunderts benannten am besten erhaltenen dänischen Renaissance-Kaufmannshof. Der 1616 errichtete Fachwerkbau besteht aus dem alten Wohnhaus mit Sandsteinskulpturen um die Freitreppe herum und aus riesigen mehrstöckigen Fachwerkspeichern mit Öffnungen zu den Getreideböden hoch über dem Kopfsteinpflaster des Hofs. Im Tor ist noch der Haken für die ursprüngliche Waage zu sehen. Am Wohnhaus beachte man die in einer Fassadennische stehende Frauenstatue in dänischer Festtracht (1620). – Heute beherbergt der Bau ein exklusives Handarbeitsgeschäft und ein Lokal.

Nur wenige Schritte weiter liegt

***Jens Bangs Stenhus** [11], das Patrizierhaus von Jens Bang, das 1623/24 in holländischem Renaissancestil erbaut wurde. Mit seinen fünf Stockwerken ist es das größte und prächtigste Renaissance-Bürgerhaus Skandinaviens; es befindet sich seit seiner Entstehung im Besitz der gleichen Familie. Mehr als 300 Jahre schon ist die „Schwanen-Apotheke" Bestandteil des Hauses. Es gibt außerdem noch einen alten Weinkeller mit den Original-Weinfässern.

Die steinernen Fratzen an der Südfassade des Hauses, die zum gegenüberliegenden Rathaus hin die Zunge hinausstrecken, erinnern an die „Rache" des reichen Kaufmanns und Schiffsreeders Jens Bang, der die Fratzen anbringen ließ, weil er nie zum Bürgermeister oder Ratsherrn der Stadt gewählt wurde. Das alte

***Rathaus** [12] ist ein schöner Spätbarockbau von 1762. Es steht an der Stelle eines älteren Rathauses (15. u. 16. Jh.), das vor dem Neubau abgebrochen wurde. Beachtenswert ist die schöne, zum Platz *Gammeltorv* hin liegende Fassade. Über dem Eingangsportal kann man den Wahlspruch König Frederiks V. lesen: „Klugheit und Festigkeit". – Gegenüber dem Rathaus liegt das Verkehrsamt.

Nur wenige Schritte weiter westlich erstreckt sich der *C. W. Obels Plads* mit dem *Brix's Gård*, einem alten Kaufmannshof mit mittelalterlichem Steinhaus und großem Fachwerkspeicher aus der Zeit um 1580 (heute ein gemütliches Restaurant). Gegenüber dem Brix's Gård liegt

***Helligåndsklosteret** [13]. Das „Heiliggeist-Kloster" wurde 1431 als erste soziale Institution und älteste Wohlfahrtseinrichtung Dänemarks gegründet und dient heute noch – wie damals – als Asyl für alte und kranke Menschen. Das Kloster ist der älteste erhaltene Bau der Stadt und eines der besterhaltenen alten Klöster Dänemarks.

Aus der Bauzeit ist noch der Westflügel mit seinen mächtigen Kellergewölben in ursprünglichem Stil erhalten. Besichtigt werden können auch die alten Kreuzgänge, das Refektorium, der Kapitelsaal mit gut erhaltenen mittelalterlichen Fresken und das Priorzimmer. Das ehemalige Refektorium der Mönche ist zu einem prächtigen Festsaal umgestaltet worden.

Wer sich für das Innere des Klosterbaus interessiert, wendet sich am besten an den Touristen-Informationsschalter im Verkehrsamt.

Vom Kloster führt die charakteristische *Latinergasse* (Latinergyden), die so schmal ist, daß nur eine Einzelperson ohne an den Hauswänden anzustoßen hindurchgehen kann, zur Fußgängergasse *Gravensgade*, die im Süden in die Algade (s. S. 27) einmündet und im Norden eine zweite Fußgängerstraße, die *Bispensgade*, den „Korso" Aalborgs, kreuzt. Dort liegt auch die

Jomfru Anegade [14], eine der bekanntesten „Restaurant-Straßen" der Stadt, mit zahlreichen typischen Gaststätten in alten Häusern, Speiserestaurants, Diskotheken und Jazzlokalen. An der Hauptstraße *Vesterbro* stößt man auf den

Cimbernstier [15] (*Kimbrertyren*). Das auf einem hohen Sockel stehende Stierdenkmal wurde 1937 von A.J. Bundgaard geschaffen. Auf dem Sockel kann man ein Gedicht des aus Nordjütland stammenden Dichters und Kulturkritikers Johannes Vilhelm Jensen (1873 bis 1950) lesen, der 1944 den Nobelpreis erhielt.

*

Vom Hafen führen die *Østerågade* und der breite *Boulevarden*, von der Hauptstraße Vesterbro die *Prinsensgade* zum großen *Kennedy's Plads* [16] mit dem Hauptbahnhof und dem Autobusbahnhof. Westlich grenzt der

Kildeparken [17], der „Quellenpark", an. Er stammt aus dem Jahr 1802 und ist die älteste Parkanlage der Stadt. Hier befinden sich zahlreiche Skulpturen nach klassischen Vorbildern, so „Bacchus-Kind" von Anne-Marie C. Nielsen und „Drei Grazien" von Thorvaldsen.

An der Westseite des Parks steht das elegante *Hotel Hvide Hus* [18], ein Kongreßzentrum und modernes Wahrzeichen der Stadt.

Kongreßhotel „Hvide Hus"

An der Nordseite des Parks liegt die

Aalborghalle [19], die von 1949 bis 1953 erbaut wurde. Sie ist die größte Stadthalle Skandinaviens (allein die Haupthalle hat 3000 Sitzplätze) und dient als Kulturhaus mit Theater- und Konzertsaal. Außerdem werden dort Ausstellungen, Kongresse, Sportveranstaltungen usw. abgehalten. Es gibt hier auch ein Restaurant und Kegelbahnen.

Wenn man nun die Hauptstraße Vesterbro überquert, gelangt man zur *St.-Ansgar-Kirche* [20] und zum

Aalborg-Turm [21], auf den ein Lift bis zur Aussichtsterrasse in 105 Metern Höhe ü.d.M. hinaufführt. Von oben hat man einen umfassenden Rundblick über Stadt und Fjord. – Westlich des Turmes liegt

**Nordjütlands Kunstmuseum [22]. Der 1971 von finnischen und dänischen Architekten (E. und A. Aalto sowie J.J. Baruël) errichtete Bau gehört zu den schönsten modernen Stilbauten Skandinaviens und enthält in seinen weiten, von Licht durchfluteten Sälen umfangreiche Sammlungen dänischer und ausländischer Gegenwartskunst, darunter Werke von Picasso, Le Corbusier und Vasarely und eine Sammlung dänischer Gemälde von 1890 bis heute, so Werke von Asger Jorn, Richard Mortensen und Henry Heerup.

(Geöffnet täglich von 10 bis 17 Uhr; außer Juli/August montags geschlossen.)

Etwas weiter südlich liegen der Campingplatz *Mølleparken* [23] („Mühlenpark"), die *Jugendherberge* [24] und der

Zoologische Garten [25]. Der zweit-größte Tierpark Skandinaviens beher-bergt etwa 1600 Tiere aus aller Welt. Es gibt dort Freigehege mit Giraffen, Ze-bras, Menschenaffen und Raubtieren so-wie eine neue Seelöwen- und Pinguinan-lage (ganzjährig täglich geöffnet).

Wenn man nun dem Stolpedalsvej nach Westen folgt, gelangt man in den moder-nen Stadtteil Hasseris mit dem

Svalegården [26]. Der große und ausge-zeichnet erhaltene Kaufmannshof besitzt eine bemerkenswerte Fassade und einen schönen Galeriegang aus der Zeit um 1600. Wegen der Sanierung eines alten Stadtteils wurde der Kaufmannshof dort 1947 abgebrochen und an seinen jetzigen Platz verlegt.

Im Osten der Innenstadt liegt das

Tivoliland [27], einer der schönsten Un-terhaltungs- und Vergnügungsparks Nordjütlands. Neben den Karussels, Berg- und Talbahnen, Schießbuden und ähnlichen Attraktionen gibt es hier auch eine Freilicht-Drehbühne mit internatio-naler Musikshow, Restaurants, Grills und Weinstuben.

(Geöffnet von April bis September täg-lich von 13 bis 23 Uhr.)

*

Wenige Fahrminuten außerhalb der In-nenstadt liegen in den dörflichen Rand-bezirken mehrere besuchenswerte alte Kirchen. Über den Hadsundvej erreicht man die südöstlich der Stadt liegende *Sønder Tranders Kirke* [28], eine sehr gut erhaltene große Dorfkirche aus dem Mit-telalter (Schlüssel beim Küster im nächst-gelegenen Wohnhaus).

Auf dem Nørre Trandersvej, der an der schönen Vejgård-Kirche vorbeiführt, ge-langt man zu der östlich der Stadt liegen-den

Nørre Tranders Kirke [29]. Diese mittel-alterliche Dorfkirche besitzt alte Fresken von hohem künstlerischen Wert und ein sehenswertes romanisches Turmzimmer. Die Kirche ist nur im Sommer von Son-nenaufgang bis Sonnenuntergang geöff-net.

Von der obengenannten Kirche kann man auf dem nach Norden abzweigenden Struervej zur *Øster Sundby Mølle* fahren. Die alte Mühle stammt aus dem Jahr 1890 und kann nach Absprache mit dem Müller besichtigt werden.

*

Die Straßenbrücke *Limfjordsbroen* [30] überquert den an dieser Stelle schmalen Limfjord. Den nördlich des Fjords liegen-den Stadtteil *Nørresundby* kann man aber auch durch den *Limfjordstunnel* [31] (Einfahrt durch die *Østre Allé*) erreichen.

In der Østerbrogade von Nørresundby liegt der schöne

Bryggergården [32], ein bemerkens-wertes Bürgerhaus aus der zweiten Hälfte des 18. Jahrhunderts. Es enthält eine stadthistorische Gemäldesammlung.

Etwas weiter westlich steht die

Nørresundby-Kirche [33]. Die mittelal-terliche Dorfkirche (12. Jh.) wurde in der Folgezeit mehrmals verändert. Von dem ursprünglichen Gebäude sind noch der Chor und der Turm erhalten.

Lohnend ist die Auffahrt zum *Naturpark Skansen* [34] auf dem höchsten Punkt Nørresundbys. Im Dreißigjährigen Krieg befand sich hier eine große Befestigungs-anlage.

Noch etwas weiter nördlich liegt

*Lindholm Høje [35], der größte Be-gräbnisplatz Skandinaviens aus der Wi-kingerzeit (s. S. 8 und 27). Die Ausgra-bungen begannen 1952, die Funde sind zum größten Teil im Historischen Mu-seum der Stadt (s. S. 27) zu sehen. Die zu einem Naturpark gemachte Anlage kann ganzjährig besichtigt werden.

Im westlichen Teil Nørresundbys steht die *Lindholm-Kirche* [36], die im Stil einer mittelalterlichen Dorfkirche errich-tet ist. In ihrer unmittelbaren Umgebung befinden sich am Lindholmsvej die *Ge-meindehistorische Sammlung Sundby-*

Im Nordjütlands Kunstmuseum

Lindholm Høje

Hvorup mit Einrichtungsgegenständen und kulturhistorisch bedeutenden Dokumenten und Gegenständen aus einem früheren Festungshof sowie der *Kräutergarten* mit Gewürz- und Arzneikräutern aus aller Welt (Zugang vom Fr. Raschsvej).

PRAKTISCHE HINWEISE

🄸 Aalborg Turist Bureau, Østerågade 8.

Stadtrundfahrten mit *Aalborg-Taxi*, Vingårdsgade 17.

✈ Flughafen Aalborg-Nørresundby (5 km nordwestlich); täglich Flüge nach Kopenhagen, Kristiansand (Norwegen) und Göteborg (Schweden).

🏨 „Hvide Hus", Vesterbro 2; „Limfjordshotellet", Ved Stranden 14; „Phønix", Vesterbro 77; „Slotshotellet", Rendsburggade; „Scandic Hotel", Hadsundvej 200; „Scheelsminde", Scheelsmindevej 35.

🏨 „Park", Boulevarden 41; „Hafnia", J.F. Kennedys Plads 2; „Missionshotellet Ansgar", Prinsensgade 14.

🛏 „Sømandshjemmet", Østerbro 27; „Missionshotellet Krogen", Hasseris, Skibstedvej 4.

△ Skydebanevej (März bis Mitte Dez.).

🏊 „Mølleparken" am Zoo ; „Strandparken" am Freibad. – „Lindholm" in Nørresundby, Lufthavnsvej 27.

In der Umgebung:

🏨 „Gammel Vrå - Nordjyllands Kursuscenter", Gammel Vråvej 66.

🏊 „Østervangen", in Vodskov.

AUSFLÜGE

Nur wenige Fahrminuten nördlich von Nørresundby liegt das beliebte Ausflugsgebiet *Hammer-Bakker* („Hammer-Hügel"), ein Naturschutzgebiet, durch das markierte Gehwege führen. Von den 88 Meter hohen Tinghøj hat man eine schöne Aussicht. In der Nähe liegt die besuchenswerte Kirche von *Sulsted*, die wegen ihrer Wandmalereien aus der Zeit um 1548 bekannt ist.

Einige Fahrminuten westlich von Aalborg lohnt *Troldkirken* (s. S. 8), eines der größten dänischen Hünengräber aus der jüngeren Steinzeit, einen Besuch. Der Name verbindet die beiden Begriffe Magie (-trold) und Heiligtum (= Kirche) miteinander.

Noch weiter westlich liegt *Nibe* (3000 Einw.; 🛏, 🏊), ein altertümliches kleines Hafenstädtchen am Limfjord, mit schöner gotischer Kirche aus dem 15. Jahrhundert, die im Innern eine Galerie mit Darstellungen der Passion Christi besitzt. Außerdem findet man hier als kurioses „Kirchenschiff" einen Heringskutter aus dieser Gegend, die seit eh und je vom Heringsfang lebt.

Südöstlich von Aalborg liegt *Lille Vildmose* („Kleines Wildmoor"), das mit 7500 Hektar Dänemarks größtes Hochmoor ist. In dem durch eine kleine Sandbank vom Meer getrennten Moor gibt es noch zahlreiche Wildschweine.

Im Süden der Stadt sind der *Rold Skov*, Dänemarks größter Wald, und die *Rebild Bakker* (Hügel), der einzige Nationalpark des Landes, mit *Auswanderermuseum Lincoln Log Cabin*, beliebte Ausflugsziele (s. auch S. 54).

*

Für Wassersportler ist der ganze *Limfjord*, der sich von Aalborg mehr als 150 km westwärts bis an die Nordseeküste erstreckt und in diesem Band von den Routen 4, 5 und 6 gequert wird, ein herrliches Ausflugsgebiet. Als von Inseln und Buchten, die hier „Bredning" heißen, übersätes und umsäumtes Binnenmeer trennt dieser Wasserzug Nordjütland von der großen Halbinsel ab. Er ist nur begrenzt schiffbar und auch ein Paradies für zahlreiche Wasservogelarten, deren Nistplätze während der Brutzeit nicht betreten werden dürfen. Der Limfjord wird westlich von Aalborg zuerst von der Verbindungsstraße zwischen *Fjerritslev* (s. S. 58) und *Skive* (s. S. 60) überquert.

*Ribe

Ribe (9000 Einw.) liegt in Südwestjütland und ist die älteste Stadt Dänemarks. Schon zur Zeit der Wikinger war Ribe eine Seefahrerstadt. Im 9. Jahrhundert baute Bischof Ansgar, der „Apostel des Nordens", der das Christentum in Dänemark einführte, hier die erste Kirche. Seit dem Jahre 948 ist Ribe Bischofssitz. In der ersten Hälfte des 12. Jahrhunderts war es bereits eine bedeutende Königs- und Handelsstadt, in der große Viehmärkte stattfanden. In dieser Zeit entstand die erste Befestigungsanlage, von der noch Ruinen erhalten sind.

In den altertümlichen Gassen der kleinen Stadt stehen zahlreiche schöne Fachwerkbauten vor allem aus dem 16. und 17. Jahrhundert. Der größte Teil von ihnen steht unter Denkmalschutz. Charakteristisch sind auch die vielen Storchennester auf den Schornsteinen und Giebeln der alten Häuser. Da Ribe außerdem schöne Grünanlagen besitzt und von üppigen Wiesen und Marschen mit reichem Vogelleben umgeben ist, wird das Städtchen gern als Ferienort aufgesucht.

Ein Erlebnis besonderer Art ist die Fahrt mit dem „Postwagen" („Trecker-Bus") von *Vester Vedsted* durch das Watt zur Insel *Mandø*. Auch die bekannten Strände der Inseln *Fanø* und *Rømø* erreicht man von Ribe aus mühelos.

SEHENSWÜRDIGKEITEN

Mittelpunkt der Stadt ist der

**Dom [1] *(Vor Frue Kirke),* eine der ältesten und interessantesten Kirchen Skandinaviens. Er wurde ab 1117 aus rheinischem Tuffstein und dänischem Backstein in romanischem Stil erbaut und später teilweise in gotischem Stil umgebaut. Im 13. Jahrhundert entstand der große Turm, der mit seinen Schießscharten wehrhaften Charakter hat und zur Zeit der Schwedenkriege ein wichtiges Verteidigungsbollwerk der Stadt war. Wegen des sehr schönen Blicks über die alte Stadt und die umliegenden Marschen lohnt sich die Turmbesteigung. Der 53 Meter hohe Backsteinturm ist ein Wahrzeichen Ribes.

Die Kirche selber ist mit ihren fünf Schiffen die breiteste Kirche Dänemarks. Vor dem Eintritt beachte man das „Katzenkopfportal" im südlichen Kreuzflügel mit einem Epitaph vom Sohn König Walde-

mars des Siegreichen. Das halbkreisförmige Relief aus dem 12. Jahrhundert (das älteste noch erhaltene in Dänemark) zählt zu den schönsten mittelalterlichen Skulpturen in Skandinavien. Im Kircheninneren beachte man vor allem die romanischen Säulen, die die vier Seitenschiffe vom Mittelschiff trennen, sowie die alten Grabmäler und Figuren der Bischöfe von Ribe und anderer berühmter Persönlichkeiten der Stadt.

Das schöne Glockenspiel des Doms (zwei verschiedene Melodien) erklingt täglich um 8, 12, 15 und 18 Uhr.

Dem Dom gegenüber liegt die ehemalige Lateinschule (*Den gamle Latinskole*) aus dem 15. und 16. Jahrhundert.

Hans-Tausen-Haus [2] ist ein Teil des früheren Bischofshofes, der als ältester Bischofssitz Dänemarks bekannt ist. Heute ist in dem alten Fachwerkhaus das *Städtische Museum* mit einer beachtenswerten Sammlung von Altertümern (u. a. auch alte Stilmöbel aus Schleswig) eingerichtet; eine Statue des dänischen Reformators und Bischofs von Ribe, Hans Tausen (1494–1561), steht dem Hause gegenüber.

Östlich des Doms erstreckt sich der malerische

Markt [3] (*Torvet*) mit sehenswerten Fachwerkhäusern aus dem 15. und 16. Jahrhundert. Man beachte vor allem das *Weis-Haus* (*Weis-Stue*) aus der Zeit um 1600. Heute ist das Haus ein kleines Hotel mit fünf Zimmern. Es enthält noch kostbares Mobiliar aus dem 16. bis 18. Jahrhundert, u. a. einen geschnitzten

Der Wehrturm der Domkirche

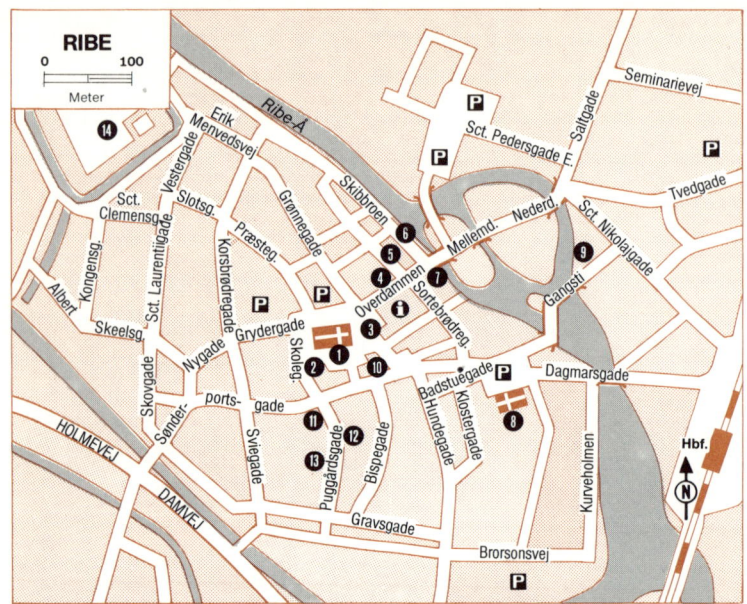

Schrank aus dem Jahre 1560, einen großen Leuchter von 1599 und eine vierhun-
dertjährige Uhr sowie beachtenswerte
Wandverkleidungen mit biblischen Moti-
ven.

Hier am Markt (ab Weis Stue) beginnt
heute noch an jedem Abend (von Anfang
Mai bis Mitte September) um 22 Uhr der
Nachtwächter seine Runde und singt dabei alte Nachtwächterlieder.

Nur wenige Schritte entfernt liegt an der
Straße Overdammen die

Alte Apotheke [4] (*Det gamle Apotek*)
aus dem 15. Jahrhundert. Sie entstand
durch die Zusammenlegung dreier Kauf-
manshöfe und existierte bis zum Jahre
1970. – Die nahe

Fiskergade [5] („Fischerstraße") zählt
zu den charakteristischsten und besterhaltenen Straßen einer mittelalterlichen
Kleinstadt. Sie selbst stammt aus der Zeit
um 1400 und wird noch von mehreren typischen dänischen Kaufmannshöfen
(*købmandsgård*) aus dem 15. bis 17. Jahrhundert gesäumt. Von hier zweigen drei
idyllische Gäßchen ab (u. a. die nur 1,40
m breite „Smalleslippe") und führen zur

Schiffsbrücke [6] (*Skibbroen*) am Hafen, der als ältester Hafen Dänemarks bezeichnet wird. Hier kann man an der ho-

hen „Sturmflutsäule" die Wasserstände
der Jahre 1634, 1825, 1904, 1909 und
1911 ablesen, als Ribe von furchtbaren
Sturmfluten und Überschwemmungska-
tastrophen heimgesucht wurde. (Auch im
Dom ist an einer Säule hinter der Kanzel
die Hochwassermarke von 1634 einge-
kerbt.)

Zwischen Stadt und Meeresküste zieht
die *Ribe-Å* durch eine ruhige Marschlandschaft mit reichhaltiger Vogelwelt.
Eine Ausflugsfahrt mit dem Boot (etwa
45 Min.) führt zur *Seeschleuse* (*Kammer-
slusen*), die sonst auch auf dem Landweg
(Ausfahrt Holmevej) zu erreichen ist.

An der Schiffsbrücke liegt der

Ewer Johanne Dan vertäut. Dabei handelt es sich um eine mustergetreue Nachbildung eines Wattenmeer-Ewers aus
dem Jahre 1867. Mit seinem flachen
Schiffsboden war der Ewer (anderthalb-
mastiges Küsten- und Fischerfahrzeug)
besonders geeignet für die Schiffahrt im
jütischen Wattenmeer. Er konnte auch in
sehr seichtem Wasser bis zur Küste heranfahren bzw. bei Ebbe auf dem Grund stehen.

In dem hier vertäuten Ewer sind die Kajü-
te des Kapitäns und der Mannschafts-
raum originalgetreu eingerichtet, wäh-

rend man den Laderaum zu einem Schiffsmuseum ausgestaltet hat. Man kann hier alte Seekarten, Bilder, Schiffsmodelle, Panoramen und Darstellungen von Ribes Blütezeit als Seefahrerstadt sehen, aber auch allerlei Interessantes von der dänischen Seefahrt im allgemeinen erfahren. – Nur wenige Schritte von hier entfernt liegt

Quedens Gård [7], ein sehr gut erhaltener Kaufmannshof aus dem Jahre 1580, der heute als Museum *(Den antikvariske Samling)* dient. Man kann hier schöne alte kirchliche Einrichtungs- und Kunstgegenstände sowie lokal- und kulturhistorische Sammlungen sehen.

Durch die Sortebrødregade geht es zur

St.-Katharinen-Kirche *(Sct. Catharinæ Kirke)* [8], die 1228 erbaut wurde und ebenso wie das anschließende *Dominikanerkloster* („Kloster der Schwarzen Brüder") zu den schönsten Beispielen gotischer Kirchenbaukunst in Dänemark zählt. Die Kirche war ursprünglich der Nordflügel des 1228 bis 1420 erbauten Klosters, ehe sie Anfang des 15. Jahrhunderts zur Kirche ausgestaltet wurde. Sie hat einen beachtenswerten Altar, der aus dem 16. Jahrhundert stammt. Das Kloster selber wurde bereits im 12. Jahrhundert gegründet. Der heutige Bau gilt als besterhaltener mittelalterlicher Klosterbau Skandinaviens. – Nordöstlich der St.-Katharinen-Kirche überquert man die Ribe-Å, die sich hier verbreitert und drei kleine Inseln umspült. Der Weg führt durch ihre Auen und über die „Enteninsel" *(Andeøen)* zum Garten des

Kunstmuseums [9]. Es beherbergt eine reichhaltige Sammlung dänischer Gemälde (hauptsächlich Landschafts- und Genrebilder) und Skulpturen aus dem 18. Jahrhundert u.a. Werke von Jens Juel, Michael Ancher und Chr. Købke.

Man geht nun zum Dom zurück, in dessen Nähe das

Rathaus [10] liegt. Der spätmittelalterliche gotische Bau wurde um 1500 als Herrschaftshaus errichtet und erst später zum Rathaus umgestaltet. Im ehemaligen Schuldgefängnis kann man heute interessante stadthistorische Sammlungen mit Schildern verschiedener Zünfte sowie Folterwerkzeuge sehen. Der Sitzungssaal enthält große Porträts bedeutender dänischer Persönlichkeiten.

Ein beliebtes Fotomotiv ist die Straßenkreuzung *Sønderportsgade* und *Puggårdsgade* [11], die aus einer einzigartigen

Ansammlung alter Fachwerkhäuser besteht. An dieser Kreuzung steht auch die sogenannte

Tårnborg [12], ein aristokratisches Steinhaus aus der Zeit um 1500, in dem sich u.a. die bischöfliche Wohnung des bekannten dänischen Psalmendichters H. A. Brorson befand.

Schräg gegenüber liegt die

Ribe-Kathedralschule [13], die älteste Schule Dänemarks. Sie wurde 1146 als Domschule erbaut. – Nur eine Parallelgasse weiter westlich, in der *Sviegade*, kann man an der Ecke zur *Sønderportsgade* das besterhaltene alte Giebelhaus der Stadt sehen.

Im nordwestlichen Teil Ribes erhebt sich der

Riberhus-Schloßberg [14] (*Slotsbanke*), auf dem einst die mittelalterliche Burg Riberhus stand. Die Fundamente der im 12. Jahrhundert erbauten und in den Schwedenkriegen zerstörten Burg wurden 1940 bis 1942 freigelegt. Die Königsburg war zeitweise die Residenz des mächtigen Geschlechtes der *Waldemars*. König Waldemar I. (der „Große") eroberte 1152 Südjütland und wurde durch seine gemeinsam mit Heinrich dem Löwen gegen die *Wenden* geführten Kämpfe berühmt. Unter Waldemar IV. endete 1375 die Waldemar-Linie des dänischen Königshauses.

Bemerkenswert ist hier auch das Königin-Dagmar-Denkmal (die Königin starb auf Burg Riberhus).

PRAKTISCHE HINWEISE

🅸 Ribe Turistbureau, Torvet 3–5.

✈ nächstgelegene Flughäfen: Esbjerg, Billund und Skrydstrup (täglich Flüge nach Kopenhagen).

🚂 (Husum–) Tønder–Esbjerg

⛴ Von Esbjerg (30 km) Autofährschiffe nach England (Harwich, Newcastle) sowie nach den Färöer-Inseln.

🏨 „Dagmar", Torvet 1.

🍴 „Kalvslund Kro", Koldingsvej 105; „Weis Stue", Torvet 2; „Backhaus", Grydergade 12. – „Gredstedbro Hotel", Gredstedbro, Vestergade 2; „Mandø Kro", Insel Mandø.

🛏 „Ribe Vandrerhjem", Sct. Pedersgade (Februar bis November).

⛺ „Ribe Campingplads", Farupvej; „Villebøl Kongeå Camping", Bækvej in Villebøl.

Viborg

Viborg (39 000 Einw.) wurde im 8. Jahrhundert gegründet und ist eine der ältesten Städte Skandinaviens. Es liegt am Haupt-Kreuzungspunkt Mitteljütlands, dort, wo sich früher die wichtigsten Nord-Süd- und Ost-West-Straßenverbindungen trafen. In der unmittelbaren Umgebung der Stadt liegt der geographische Mittelpunkt Jütlands.

1065 wurde die Stadt Bischofssitz und von 1027 an war sie sechs Jahrhunderte lang Jütlands Hauptstadt. Hier trat das regionale Parlament zusammen, hier wurden auch 600 Jahre lang alle dänischen Könige gewählt. Außerdem diente Viborg vielen dänischen Königen als Residenzstadt. Bis 1650 war es die größte Stadt Jütlands, bis 1805 tagte hier das Landgericht (Landsting). Heute ist Viborg eine geschäftige Handels- und Schulstadt, eine wichtige Gerichtsstadt, Sitz der Kreisverwaltung und zahlreicher jütischer Behörden und Ämter.

Die Stadt ist wegen ihrer vielen historischen Bauten sehenswert. Viborgs enge und gewundene Altstadtgassen und die alten Häuser zeugen heute noch von seiner Vergangenheit. Im modernen Stadtteil gibt es Fußgängerzonen, ein großes Einkaufszentrum und schöne Grünanlagen. Wegen seiner schönen Lage an den beiden Seen Søndersø und Nørresø und seiner an Wäldern und Heidegebieten reichen Umgebung wird Viborg auch gern als Ferienort aufgesucht.

SEHENSWÜRDIGKEITEN

Die Stadtbesichtigung beginnt man am besten am *Domplatz* (*Domkirkepladsen*), in dessen Nähe sich das Touristeninformations- und Verkehrsbüro befindet. Der

*Dom** [1] wurde um 1130 gegründet und gilt als größter aus Granit-Quadersteinen errichteter Kirchenbau Europas. Die romanische Kirche wurde später mehrmals durch Feuersbrünste zerstört und umgebaut. Aus dem 12. Jahrhundert ist nur noch die dreischiffige romanische Krypta mit schönen Kreuzgewölben erhalten. Seine heutige Gestalt erhielt der Dom in

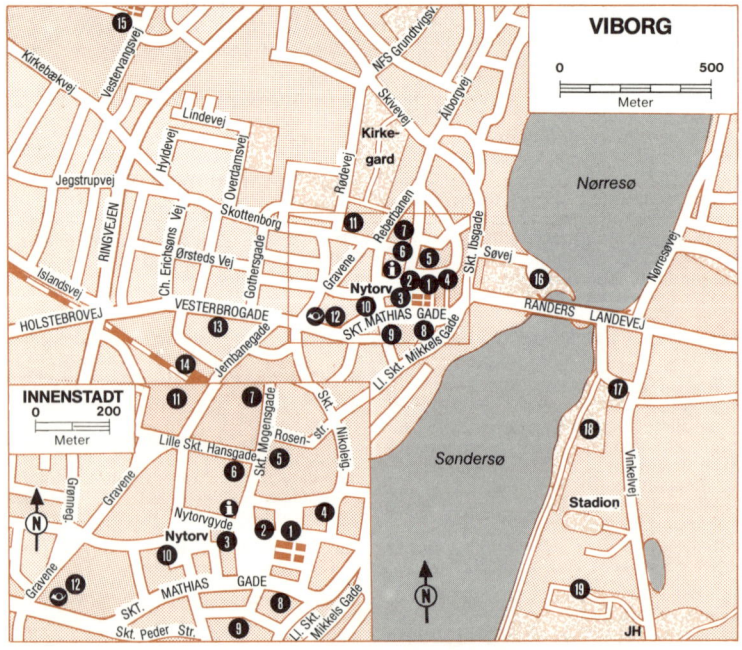

36

den Jahren 1864 bis 1876, wobei man sich bemühte, die ursprüngliche romanische Form wiederherzustellen. Das Bauwerk ist 70 Meter lang und 22 Meter breit. Mit seinen weithin sichtbaren Zwillingstürmen ist es ein Wahrzeichen der Stadt.

Im Innern sind vor allem die Freskengemälde von *Joakim Skovgaard* sehenswert. Am Hochaltar ist das Grabmal *Eriks IV. Klipping* (13. Jh.) zu sehen; es

Blick auf den Dom

ist das einzige Königsgrab im Dom. Mit Ausnahme des siebenarmigen Kerzenleuchters (1498) stammt die gesamte Innenausstattung aus dem 19. und 20. Jahrhundert.

(Geöffnet wochentags Juni bis Aug. von 9 bis 17, April, Mai und Sept. von 9 bis 16, Okt. bis März von 10 bis 15, sonntags jeweils ab 13 bis 17, 16 oder 15 Uhr.)

Rund um den Domplatz liegen auch das neue Rathaus, der Bischofshof, das Skovgaard-Museum, die alte Lateinschule, das Westliche Landgericht (Vestre Landsret) und das König-Huldigungsdenkmal, das Königin Margrethe I. und Erik von Pommern darstellt.

Im *Alten Rathaus* ist das

Skovgaard-Museum [2] untergebracht. Der Bau wurde 1728 von Claus Stallknecht im Barockstil errichtet. Er beherbergt zahlreiche Werke des dänischen Malers und Graphikers Joakim Skovgaard (1856–1933), u.a. Entwürfe, Gemälde, Skulpturen, Zeichnungen und sämtliche Skizzenbücher des Künstlers, der Ende des 19. Jahrhunderts auch den Dom mit seinen Freskengemälden ausschmückte.

(Geöffnet täglich Mai bis September 10 bis 12.30 und 13.30 bis 17, sonst nur 13.30 bis 17 Uhr.)

Wenige Schritte von hier entfernt, die

Alte Lateinschule [3]. Sie wurde um das Jahr 1750 erbaut, besitzt eine ansehnliche Barockfassade und dient heute als Verwaltungsgebäude. Im Garten (Latinerhaven) steht das idyllische Gartenhäuschen des Rektors aus der Zeit um 1780.

Der nahegelegene

Bischofshof [4], ein früherer Domherrensitz (bischöflich seit 1558), wurde schon im Mittelalter erbaut, brannte aber 1726 ab und wurde zwei Jahre später neu errichtet. Aus dem Mittelalter sind nur noch die Kellergewölbe erhalten.

An der Sct. Mogens Gade steht das

Franziskanerkloster [5] (*Gråbrødrekloster*) aus dem 13. Jahrhundert, das 1726 und 1947 restauriert wurde. Nach der Reformation wurde es ein Altersheim. Vor dem Kloster steht das eindrucksvolle *Hans-Tausen-Denkmal* mit einem Erinnerungsstein an den berühmten Reformator. *Tausen* (dän. Tavsen, s. auch S. 33) gilt als Begründer der dänischen Reformationsbewegung.

In der nordwärts führenden *Sanct Mogensgade* [6] gibt es viele schöne alte Häuser, so den *Morvilles-Hof* (Haus Nr. 8) aus der Zeit um 1800, *Hauch's Hof* (Haus Nr. 7) und *Willesens Hof* (Haus Nr. 9), beide aus der ersten Hälfte des 16. Jahrhunderts, und den sehr vornehm wirkenden

Karnapgården [7] (Haus Nr. 31), der ebenfalls aus der Reformationszeit stammt. Er wurde mit den Steinen der damals (um 1529) abgerissenen katholischen Kirchen erbaut und seither mehrmals restauriert.

Ihm gegenüber liegt *Ursins Hof* (Haus Nr. 32), ein 1825 errichteter neuklassizistischer Bau.

Südlich des Doms befinden sich in der *Sanct Leonisgade* der schöne gotische *Dompropsthof* [8] (*Domprovstegården*) aus dem späten 15. Jahrhundert mit einer katholischen Kapelle sowie die

Søndre-Sogns-Kirche [9] aus der Zeit um 1250. Sie wurde ursprünglich als Klosterkirche für das ehemalige Dominikanerkloster erbaut, brannte 1726 ab und wurde kurz darauf neu errichtet. Die Kirche enthält eine prachtvolle gotische Altartafel aus dem Anfang des 16. Jahrhunderts und eine sehenswerte vergoldete

flämische Schnitzarbeiten von hohem künstlerischem Wert. Das Gestühl ist mit etwa 200 Bildern des Malers Mogens Chr. Thrane (um 1730) geschmückt, die biblische Motive darstellen.

(Geöffnet von Ostern bis September werktags, außer montags, von 9 bis 18, sonntags von 12 bis 18 Uhr.)

Die *Sanct Mikkelsgade* führt von hier zum *Nytorv* (Neuer Markt) und dem südlich anschließenden *Hjultorv* mit dem ehemaligen Hauptgebäude der Dänischen Heidegesellschaft, dem heutigen Domizil des

*Stiftsmuseum [10]; dieses enthält umfangreiche Sammlungen vor- und frühgeschichtlicher Zeit (hauptsächlich aus der Bronzezeit) sowie kunstgewerblicher Gegenstände aus dem Mittelalter, außerdem alte Trachten, Fayencen, Gold- und Silberschmiedearbeiten, Stilmöbel aus dem 17. und 18. Jahrhundert und vieles andere.

Außerdem beherbergt das Gebäude die bedeutende *Vogelsammlung von Heiberg* mit mehr als 400 ausgestopften Vögeln und Fledermäusen und einer Sammlung von Vogeleiern sowie die *Sammlung von Ussing,* die aus meeresbiologischen Präparaten und Schmetterlingen besteht.

(Geöffnet von Juni bis August von 11 bis 17, sonst von 14 bis 17 Uhr.)

Am Nytorv stehen auch der barocke *Friedensreichske Gård* (1757) und der *Stillings Gård,* ein schönes Bürgerhaus aus dem Jahre 1803.

Etwas weiter nördlich liegt in der Straße *Gravene* die „Alte Hauptwache" der Garnison aus dem Jahre 1803.

Nur wenige Schritte weiter findet man das

Landesarchiv für Nordjütland [11]. Der 1963 errichtete Magazinbau besitzt eine kunstvolle keramische Ausschmückung von Arne L. Hansen.

(Geöffnet werktags von 9 bis 16.30 Uhr.)

*

Wenn man der *Sanct Mathias Gade,* die am *Hauptpostamt* [12] vorbeiführt, nach Westen folgt, stößt man auf die *Vesterbrogade* mit der

Zentralbibliothek [13]. Sie besitzt auch eine Abteilung mit fremdsprachlicher (deutscher) Literatur und einen Kinder-Lesesaal (mit Bilderbüchern und anderen Kinderbüchern).

Vor der Zentralbibliothek stehen zwei moderne Granitskulpturen des Bildhauers Henry Heerup.

Nicht weit entfernt liegen der *Hauptbahnhof* [14] und die Autobus-Abfahrtsstelle.

Im Norden der Stadt ist die am *Rughavevej* liegende

Vestervang-Kirche [15] besuchenswert. Die 1970 von P.E. Jensen und H. Klok erbaute Kirche zählt zu den interessantesten modernen Kirchen dieser Gegend. Sie enthält beachtenswerte Glasmosaiken von Mogens Jørgensen.

(Geöffnet im Sommer von 9 bis 16, sonst von 9 bis 17, sonntags ab 12 Uhr.)

Am südlichen Ufer des *Nørresø* erstreckt sich der

Borgvold-Park [16] an der Stelle, wo sich wahrscheinlich die mittelalterliche Burg aus dem 12. Jahrhundert befand. Ein Denkmal stellt König Erik den Guten (Erik Ejegod) dar. Die Parkanlage wird von schönen Spazierwegen durchzogen (Spielplatz und zahlreiche Ruhebänke).

Der *Randersvej* führt an das Ostufer der Seen. Sehenswert ist hier die

Asmild-Kirche [17], die schon im 11. Jahrhundert erbaut wurde und zu den ältesten Kirchen Dänemarks gehört. Das reich ausgestattete Innere enthält u.a. einen Runenstein aus der Zeit um das Jahr 1000, eine schöne Altartafel aus dem Jahre 1625 und eine Anfang des 17. Jahrhunderts geschaffene Kanzel.

(Geöffnet werktags im Sommer von 8 bis 16 Uhr, sonst und sonntags nach Vereinbarung.)

Südlich der Kirche stand früher das Asmild-Nonnenkloster. Erhalten blieb der kleine *Klosterwald* [18] (*Asmild Kloster Lund*), der sich am Ufer des *Søndersø* erstreckt. Noch weiter südlich liegt der *Forstbotanische Garten* [19] mit der Jugendherberge.

PRAKTISCHE HINWEISE

🅸 Verkehrsverein, Nytorv 5.

✈ Tägliche Flüge zwischen Karup (24 km) und Kopenhagen.

Kleine Flugzeuge können auf dem Viborg-Flugplatz an der Århus-Straße landen; Rundflüge.

🚌 Århus/Randers–Viborg-Struer.

🏨 „Golf Hotel", Randersvej 2; „Missionshotellet", Sankt Mathias Gade 5; „Motel Viborg", Århus Landevej 5.

🏠 „Viborg", Gravene 18–20.

🏠 „Kongenshus", Daubjerg.

⚠ „Viborg Vandrerhjem", Vinkelvej 36.

⚠ „Mønsted Camping", Viborg Vest; „Viborg Sø-Camping", Vinkelvej; Vammen Camping" Langsøvej 5.

In der Umgebung gibt es Mietwohnungen auf Bauernhöfen und Sommerhäuser; Auskünfte gibt das Verkehrsbüro.

AUSFLÜGE

Dollerup Bakker [1]. Nur wenige Fahrminuten südlich von Viborg erstrecken sich die Hügel von Dollerup (*Dollerup Bakker*), eine eindrucksvolle, von Eiszeitgletschern und Schmelzwasserflüssen geformte Landschaft. Im Süden und Westen begrenzen sie den idyllischen *Haldsø* (Haldsee). Die Hügel sind teils mit Heidekraut und Wacholder, teils mit Eichenwäldern bewachsen und von markierten Wanderwegen durchzogen. Eine gelbe Markierung führt durch die sogenannte „Schlucht der Kobolde" (*Troldeslugt*). Vom *Ravnsbjerg* („Rabenberg") aus genießt man einen herrlichen Rundblick.

Am See liegt das große Rittergut von Hald (*Hald Hovegård*), das im 14. Jahrhundert Niels Bugge, einem der mächtigsten Landherren dieser Gegend, gehörte. Der heutige Bau stammt aus der Zeit um 1789 und dient gegenwärtig als internationales Studentenzentrum. – Östlich des Haldsø liegen die zahlreichen Hügelgräber von *Tostrup*.

Mønsted-Daugbjerg [2]. Man verläßt Viborg im Westen auf der Straße 16 und gelangt nach etwa 13 Kilometern nach Mønsted, in dessen Nähe (Abzweigung rechts von der Hauptstraße) sich alte Kalkgruben mit hohen Gängen befinden, die Besuchern zugänglich sind (Besichtigung im Juli/Aug. täglich, sonst nur sonntags). Von den etwas weiter westlich liegenden mittelalterlichen niedrigen Bergwerksstollen der Daugbjerg-Kalkgruben (man erreicht sie nach einem zehnminütigen Fußweg durch den Wald) sind nur einige Gänge zu besichtigen. Das Stollennetz erstreckt sich in 25 bis 35 Metern Tiefe über eine Länge von mehr als 30 Kilometern. – Kurz vor Mønsted markiert ein Gedenkstein den geographischen Mittelpunkt Jütlands.

Nur wenige Fahrminuten weiter (Abzweigung nach Süden) liegt der

Kongenshus-Mindepark [3] (Gedächtnispark Kongenshus). In dem 1200 Hektar großen Naturschutzgebiet erinnern ein Gedenksteinkreis und ein Museum an

die ersten Pioniere, die die Heide urbar gemacht haben. Eine etwa zehn Kilometer lange Autostraße durchquert die Heide.

Nordwestlich von Viborg liegt an der Straße 579 das

Ørslevkloster [4], das um 1275 als Nonnenkloster erbaut wurde und später ein Adelssitz war. Vom ursprünglichen Bau ist noch die Klosterkirche im Nordflügel mit spätgotischen Anbauten erhalten. Das Kloster selbst wurde im Barockstil umgestaltet und ist heute ein Refugium für skandinavische Künstler und Wissenschaftler. Der Klosterpark ist öffentlich zugänglich.

Lynderupgaard [5]. Auf einer Halbinsel im *Hjarbæk-Fjord* liegt im Winkel der Straßen 533 und 579 das Rittergut *Lynderup*, ein prächtiger Fachwerkbau aus dem 16. Jahrhundert, der als ältester Herrenhof Nordjütlands gilt. Das Hauptgebäude (1556) ist noch von Wall und Graben umgeben. Im Burghof steht Dänemarks ältester Springbrunnen mit einem gußeisernen, vierhäuptigen Kopf.

Hvolris [6]. In dem 17 Kilometer nördlich von Viborg ostwärts der Straße 13 gelegenen prähistorischen Gelände kann man sich anhand der dort gemachten Ausgrabungsfunde einen Überblick über die charakteristischen Besonderheiten aller Kulturzeitalter von der Steinzeit über die Bronze- und Eisenzeit bis hin zum Mittelalter verschaffen. Auf dem Weg dorthin ist die kleine romanische *Pederstrup-Kirche* sehenswert.

Route 1: Flensburg – Kruså – Sønderborg – Insel Als (Nordborg 66 km / Fynshav 56 km / Mommark 57 km)

Von *Flensburg* (s. Polyglott-Reiseführer „Ostseeküste") erreicht man nach wenigen Fahrminuten auf der westlichen Autobahnumgehung (A 205) oder auf der alten Bundesstraße 76 bei *Kupfermühle*, 8 km, die dänische Grenze. In Kruså (⚠) biegt man rechts ab auf die Straße 8 oder auf der an der Küste der Flensburger Förde entlangführende Landstraße. Die Straße 8 führt durch eine schöne Wald- und Hügellandschaft, die Küstenstraße an die Badestrände von *Kollund* (🏠, ⚠, ⚠), *Sønderhav* (⛵), *Rønshoved* (⛵), *Rinkenæs* (⚠) und nach

Gråsten (*Graasten; Gravenstein*; 3200 Einw.), 25 km, das wegen seiner Obst- und Blumenzucht bekannt ist. Das Barockschloß der Stadt (*Gråsten Slot*) dient heute der Königsfamilie als Sommerresidenz, kann aber in der übrigen Jahreszeit, wenn es unbewohnt ist, teilweise (Kirche, Schloßgarten) besichtigt werden. Der 1709 fertiggestellte Bau brannte 1757 nieder und erhielt zwei Jahre später seine heutige Gestalt. Nur die Kirche blieb vom Feuer verschont. Sie ist ein schönes Beispiel des überladenen Barockstils ihrer Entstehungszeit. Man beachte vor allem die mit reicher Stuckverzierung versehene Decke, den prunkvollen Hochaltar und die Kanzel.

🅱 Verkehrsbüro, Ahlmannsparken, Ahlefeldvej 4.

⚓ Tinglev–Sønderborg.

⚓ Im Sommer Ausflugsfahrten auf der Flensburger Förde.

🏨 „Gråsten", Torvet 2.

⚠.

Die Weiterfahrt nach *Sønderborg* kann nun entweder über die Flensborg-Fjord-Brücke mit Segelboothafen *Egernsund* (🏠) und über *Broager* (sehenswerte romanische Dorfkirche mit gotischen Zwillingstürmen, s. S. 9; ⛵, ⚠) oder auf der Straße 8 über *Adsbøl* und *Nybøl* erfolgen. Beide Straßen treffen bei der Anhöhe von

Dybbøl (*Düppel*) wieder zusammen. Der Ort (🏠) wurde im Krieg von 1864 durch seine Schanzen (Düppeler Schanzen) berühmt. Die dort befindliche historische Windmühle gilt als nationales Symbol des dänischen Verteidigungswillens (s. auch Geschichte auf Seite 7). In ihr ist heute ein Nationalmuseum mit Erinnerungsstücken aus dem Deutsch-Dänischen Krieg.

Sønderborg (28 000 Einw.), 39 km, ist ein malerisch am Als-Sund gelegenes Städtchen mit etwas Industrie (Margarineherstellung, Textilfabriken). In den deutsch-dänischen Kriegen spielte die Stadt stets eine wichtige Rolle. In der letz-

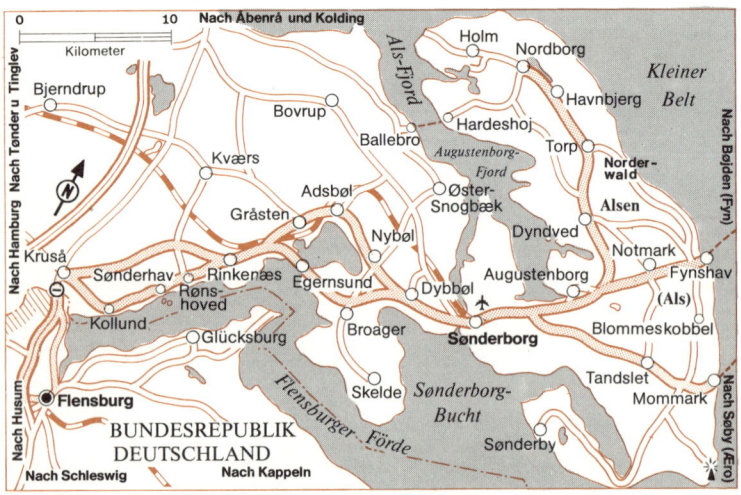

ten Zeit hat sich Sønderborg als Ferienort und Mittelpunkt in dem an Ausflugszielen reichen Hügelland zwischen den Förden einen Namen gemacht. Eine schöne Strandpromenade führt zum viel besuchten *Sønderskoven* („Südwald") mit alten Eichen, Buchen und Eschen. Das vierflügelige *Schloß* steht an der Stelle einer mittelalterlichen Burg.

1532 bis 1549 wurde König Christian II. hier gefangen gehalten. Aus dieser Zeit stammt noch der nordwestliche Turm. Das heutige Schloßgebäude stammt aus der Zeit Christians III. (Regierungszeit 1536–1559), wurde aber im 18. Jahrhundert umgestaltet. Die sehenswerte Renaissance-Schloßkapelle wurde im 16. Jahrhundert auf Veranlassung der Witwe Christians III. erbaut.

Heute beherbergt das Schloß ein *Museum* mit einer umfangreichen Sammlung aus der Geschichte Nordschleswigs, vor allem aus der Zeit der Schleswigschen Kriege, aber auch einer Altertumssammlung, einer Volkstums- und einer kulturhistorischen Sammlung.

Beachtenswert ist auch die am Ende der Christian-X.-Brücke (1925–1930) liegende *St.-Marien-Kirche* (17. Jh.) mit schönen Bildschnitzereien.

Sønderborg ist eines der größten dänischen Segelsportzentren; die beiden Jachthäfen (der neue wurde 1982 eröffnet) liegen südlich des Schlosses.

🄸 Turistbureau, Rådhustorvet 7.

✈ 6 km nördlich.

🚢 Tinglev–Gråsten–Sønderborg.

🏨 „Interscan Hotel"; „Scandic Hotel"; „Hotel City".

🏨 „Hotel Ansgar"; „Garni". – „Hotel Dybbøl Banke".

⌂ „Arnkilhus". – „Baltic", Høruphav; „Ballebro Færgekro", Blans.

⚠ Sønderborg (Febr.–Dez.) und Vollerup (5 km östl.; Jan.–Mitte Dez.).

⚠ „Kommunens leirplads ved Ringgade"; „Madeskov Camping".

Die alte Hauptstraße führt von Sønderborg quer durch die Insel *Als* weiter nach dem Fährhafen

Mommark (⚠), 57 km, von dem aus von Mitte Juni bis Mitte August viermal täglich, jeweils etwa einen Monat vor und nach dieser Zeit 2- bis 3mal täglich, eine einstündige Oldtimer-Autofähre nach Søby (Insel Ærø) verkehrt (s. Polyglott-Reiseführer „Dänische Inseln").

Wenn man auf die Insel *Fünen* will, so fährt man von Sønderborg zunächst auf der neuen Straße 8 über *Augustenborg* (s.u.) nach *Fynshav* (⌂, ⚠), 56 km (Autofährschiff nach *Bøjden* bei Fåborg auf Fünen, 6- bis 8mal täglich, etwa alle 2 Stunden, Fahrzeit 50 Minuten; s. Polyglott-Reiseführer „Dänische Inseln").

Augustenborg (2900 Einw.), liegt sieben Kilometer nordöstlich von Sønderborg am südlichen Ende des gleichnamigen Fjords und war lange Zeit eine bekannte Herzogsresidenz. Das gegenwärtige *Schloß* wurde 1770 bis 1776 erbaut und gilt als größtes Bauwerk Nordschleswigs. Der am Fjord gelegene große Schloßpark ist wegen seiner schönen Lindenalleen besuchenswert. Die ehemalige Schloßkapelle dient heute als Gemeindekirche. Sie besitzt eine bemerkenswerte Rokokokanzel und ein kunstvoll verziertes Taufbecken aus Marmor, ein Geschenk des russischen Zaren Alexander I. (1807).

Das Schloß dient heute als Krankenhaus und ist nicht öffentlich zugänglich. Von den zahlreichen um das Schloß herum erbauten alten Häusern stehen viele unter Denkmalschutz. Die *Augustenborgstube* ist als historisches Museum eingerichtet.

🏨 „Fjordhotellet".

⌂ „Voigt Strand", Asserballeskov. – ⚠.

*

Auf der Insel *Als* gibt es schöne kleine Ferienorte mit Stränden (Fynshav, Kegnæs, Høruphav, Skovmose u.a.), meist einfachen Unterkünften, Campingplätzen, aber auch Sehenswürdigkeiten verschiedener Art.

Der Pfarrhof von *Notmark* (unter Denkmalschutz) zählt zu den schönsten und besterhaltenen strohgedeckten alten Fachwerkbauten des Landes. Der sich an der Ostküste von Als erstreckende *Norderwald* (*Nørreskoven*) ist durch eine 10 Kilometer lange Fahrstraße (schöne Blicke auf das Meer) erschlossen. Im Wald unzählige Grabhügel und Hünengräber. Eine der besterhaltenen dänischen Grabanlagen liegt bei *Blommeskobbel*.

Nordborg (4000 Einw.; 🏨, ⌂, ⚠), 66 km, besitzt eines der ältesten Schlösser der Herzogtümer Schleswig und Holstein. Sein erhaltener Flügel dient als Volkshochschule. Sehenswert sind auch die Nordborger Pfarrkirche (17. Jh.) und eine alte Windmühle (Museum).

Route 2: Rundfahrt Flensburg – Tinglev – **Løgumkloster – Skærbæk (– Rømø) – Tønder – Flensburg (182 km)

Diese Rundfahrt führt durch das Grenzgebiet von Süd-Jütland, durch Nord-Schleswig und zu den Badestränden der Insel Rømø. Man verläßt Flensburg wie in Route 1 beschrieben und überquert bei *Kupfermühle* die dänische Grenze. In *Kruså* biegt man nach Westen ab auf die Straße 8 und folgt ihr nach *Tinglev* (Hotels, ⚠), 23 km, mit Freizeitpark „Sommerland Syd".

Weiter geht es auf der Straße 401 durch die nordschleswigschen Orte *Bredevad*, *Ravsted* und *Alslev* (in den zahlreichen Flüssen und Bächen hat man gute Angelmöglichkeiten) nach

Løgumkloster (7000 Einw.), 49 km. Der malerisch an der *Brede* liegende Ort wurde 1173 gegründet, als sich hier Zisterziensermönche niederließen, um ein Kloster zu bauen. Der Bau zog sich vom Ende des 12. Jahrhunderts bis zum 15. Jahrhundert hin, was dazu geführt hat, daß das eindrucksvolle Bauwerk beiden Stilarten des Mittelalters, dem romanischen und dem gotischen, angehört. Auch die **Klosterkirche**, eine der schönsten Kirchen Dänemarks, ist eine Mischung aus gotischen und romanischen Stilelementen und wurde – nach den Ordensvorschriften der Zisterzienser – ohne Turm erbaut. Die Kirche besitzt kostbare Kunstschätze, u.a. einen spätgotischen Flügelaltar (um 1500), einen Reliquienschrein mit seltener Holzschnitzarbeit und Temperabildern (1295), eine Kanzel aus dem Jahre 1580 und einen Taufstein aus der Zeit um 1700.

Vom ehemaligen Kloster ist heute nur mehr ein Teil des Ostflügels erhalten, mit der Sakristei und dem Kapitelhaus, dessen Säulen aus glasierten Ziegeln bestehen und ein schönes Kreuzgewölbe tragen. Im Anschluß an das Kloster wurde 1960 das erste „Refugium" Dänemarks gebaut, wohin man sich zur stillen Meditation zurückziehen kann.

(Geöffnet von Mitte Juni bis Mitte August von 10 bis 12 und von 14 bis 17 Uhr; in der übrigen Zeit von 10 bis 12 und von 14 bis 16 Uhr, montags geschlossen.)

In der Nähe fällt der freistehende Aussichtsturm mit dem „Kong-Frederik-IX.-Glockenspiel" auf.

Im Ort ist auch das *Museum Holmen* (Østergade 13) sehenswert. Es ist in einem alten westschleswigschen Anwesen aus dem Jahre 1792 untergebracht und stellt in wechselnden Ausstellungen junge Künstler vor. Im Sommer finden hier außerdem bisweilen Konzerte statt. (Geöffnet täglich von 10 bis 12 und 14 bis 17 Uhr.)

Charakteristisch ist der mitten im Ort liegende Marktplatz. In der zweiten Augusthälfte findet hier mehrere Tage lang der „Klostermarkt" *(Kloster Mærken)*, der größte Pferde- und Gauklermarkt Südjütlands, statt.

Am dritten Dienstag im August wird das große Volksfest, der „Bartholomäusmarkt", gefeiert; er verwandelt die ganze Stadt in einen riesigen Festplatz, auf dem sich Tausende von Menschen von nah und fern treffen.

Schließlich ist Løgumkloster auch wegen seines großen Freizeitzentrums, das eine Sporthalle, ein modernes beheiztes Schwimmbad, Tennisplätze u.a. enthält, ein beliebter Ferienort.

Nordwestlich der Stadt liegt der trigonometrischer Punkt *Vongshøj*, der mit 62 Metern höchste Punkt Südjütlands (schöne Aussicht von dem Hügelrücken). Hier gibt es etwa 50 alte Grabhügel.

Westlich des Brede-Flusses liegt der schöne *Åved-Forst*. Am Südrand des Ortes erstreckt sich das große Wildschutzgebiet *Kongens Mose* mit dem nahegelegenen Wald *Draved Skov*, der botanisch wertvolle, urwaldähnliche Baum- und Straucharten und eine seltene Fauna aufweist.

🚌 Busbahnhof, Klostergade 7.

🏨 „Løgumkloster Refugium", Refugievej.

⌂ „Løgumkloster", Markedsgade 37; „Postgården", Vestergade 7; „Centralhotellet", Markedsgade 15; „Pension Åkjær", Åkjærvej 2.

⚠ „Forsamlingshuset", Vænget 28.

Man verläßt Løgumkloster im Westen, überquert die *Brede-Å* und erreicht nach wenigen Fahrminuten den Doppelort

Brede-Bredebro (1400 Einw.), 57 km, der wegen seiner noch unberührten Umgebung mit Hochmooren, Wiesen, Feldern und Forsten, wegen seines Schwimmbades und seines großen Campingplatzes ein beliebter kleiner Ferienort ist. Die fischreiche Brede-Å ist ein Anziehungspunkt für Angler.

Im 18. und 19. Jahrhundert war Brede einer der Mittelpunkte der westschleswigschen Klöppelindustrien. An diese Zeit erinnert das vornehme *Empirehaus* des Großkaufmanns Jens Wulff, der früher mehr als tausend Klöppelmädchen im Ort beschäftigte.

Sehenswert ist die bleigedeckte *Langkirche* des Ortes (1324), die dem heiligen Laurentius geweiht ist. Im Langschiff sieht man noch romanische Teile einer älteren Kirche aus dem Jahre 1200 mit Granitquadern und rheinischem Tuff an den Innenwänden. Aus großen Backsteinen und Quadern besteht der Turm aus dem 15. Jahrhundert. In der Kirche verdienen vor allem der Altar (1620) und die Kanzel (1612) Beachtung.

🅸 Touristinformation, Storegade 13.

🚢 Tønder–Esbjerg.

🛏 „Den Gamle Kro", Brogade 10.

⚠ „Bredebro Camping", Borgvej 10.

Die Gegend um Bredebro ist reich an vorgeschichtlichen Funden, so befinden sich im nahen Dorf *Abterp* zwei lange Hühnengräber aus der jüngeren Steinzeit, und bei *Drengsted* (Abzweigung rechts von der Hauptstraße nach Skærbæk) ein alter Wohnplatz mit mehren Schmelzgruben aus der germanischen Eisenzeit.

Man fährt nun auf der Straße 11, die parallel zur Bahnlinie nach Norden führt, nach

Skærbæk (2400 Einw.), 69 km, dem Ausgangspunkt für eine Fahrt zur Insel Rømø. In der Umgebung des Ortes liegt eine dichte Ansammlung von 23 vorge-

schichtlichen Grabhügeln *(Gasse Høje)*. Das alte Landhaus *Misthusum-Hus* in *Hjemsted* ist als kleines Museum eingerichtet (nur im Sommer geöffnet).

🅸 Siehe Rømø.

🏨 „Norbys Hotel", Torregade 1.

🛏 „Åblings Hotel"; „Jernbanehotellet". – ⚠.

Nur etwa vier Kilometer nördlich von Skærbæk liegt das Dorf *Brøns* (🛏), dessen große alte Tuffsteinkirche sehenswerte Wandmalereien besitzt. Sehr lohnend ist auch ein Abstecher nach *Ribe* (s. S. 33), der ältesten Stadt Dänemarks.

*

Von Skærbæk erreicht man auf einer schönen Nebenstraße die Küste, wo im Zuge der Straße 175 ein zehn Kilometer langer Damm zur größten Nordseeinsel,

Rømø (*Röm;* 129 km², 800 Einw.), führt. Die Insel gehörte von 1864 bis 1920 zu Deutschland. Die Bademöglichkeiten sind ausgezeichnet mit Dünen und breiten Stränden an der Westküste und einem FKK-Strand im Süden. Der Sand am Meer ist ungewöhnlich fest, so daß stellenweise auch Autos bis ans Wasser heranfahren können. Der Rest der Insel besteht aus mit Erika bestandenen großen Heideflächen (der Nordteil ist als militärisches Gebiet gesperrt). Es wird hier noch viel Schafzucht betrieben. Im Sommer kann man Volksfesten auch alten friesischen Traditionen mit *Ringreiten* beiwohnen. Der Pferdesport (für Kinder Ponyreiten) ist weit verbreitet.

Die Insel Rømø war im 18. Jahrhundert als Sitz berühmter Walfängerkapitäne bekannt. An diese Zeit der sogenannten *Kommandøren* (Kapitäne der Walfänger)

erinnert in *Toftum* der quadratisch angelegte Erbhof „Kommandørgården" aus dem Jahre 1746, der heute als Heimatmuseum eingerichtet ist und bemerkenswerte Sammlungen aus der Zeit der Walfänger beherbergt.

Im Südosten der Insel steht bei *Kirkeby* die St.-Clemens-Kirche (16. Jh.) mit zahlreichen Anbauten. In ihrem Inneren kann man alte Schiffsmodelle sehen. Interessant ist, daß über einem Teil der Kirchenstühle an der niedrigen Decke schmiedeeiserne Haken für die Hüte der Kirchenbesucher angebracht sind. Auf dem Kirchhof stehen an der Friedhofsmauer schöne alte Grabsteine, auch von Gräbern der Grönlandfahrer und „Kommandøre".

Vom Hafen *Havneby* im Süden der Insel führt eine Autofähre nach List auf *Sylt.*

Die Insel ist auch wegen ihres großen Aktivurlaubsprogramms mit botanischen Ausflügen, vogelkundlichen Führungen und Wattwanderungen bekannt. Am Badestrand können auch Kinder ungefährdet baden, da es keine Brandung gibt.

🅸 Turistforening Rømø-Skæbæk, Kongsmark, Havnebyvey 30.

🚌 Havneby–Lakolk, Lakolk–Skæbæk.

🚢 Havneby–List (BRD), 7- bis 8mal täglich, 50 Min.

🏠 „Færgegården", Vestergade 1. – „Kommandørgarden", Mølby, Havnebyvej.

🏨 „Hotel Rim", Vestergade 159; „Kalmarland Rømø", Vestergade 3, alle in Havneby.

⌂ In Kongsmark: „Hotel-Motel Rømø", Gammel Fægevej 1 (nur im Sommer); „Pension Nordly", Vestervej 1; „Genz Apartments", Småfolksvej 10.

△ „Poppelgården", Mølby (15.3.–1.11).

🏕 „Lakolk"; „Kommandørgårdens", Mjølby; „Familie Camping", Toftum.

*

Die Weiterfahrt nach Tønder kann entweder über *Skærbæk* und *Bredebro* (s. S. 42 und 43) auf der Straße 11 oder auf der durch die Marschlandschaft am Wattenmeer entlangführenden Küstenstraße 419, die durch charakteristische alte friesische Bauerndörfer führt, erfolgen.

Ballum (⌂), 107 km, ist ein ganz nahe am Wattenmeer liegendes Dorf mit alten, strohgedeckten Höfen. Der wuchtige Kirchturm diente früher als Seezeichen. Die ältesten Teile der Kirche stammen aus dem 13. Jahrhundert. Besonders sehenswert sind der aus schwarzem Kalkstein gemeißelte romanische Taufstein sowie die schöne Kanzel.

Die Weiterfahrt erfolgt entweder an der Küste über *Koldby,* oder man fährt von *Bådsbøl* über *Husum* und *Skast* durch das große *Skast-Moor,* den Aufenthaltsort vieler für das nahe Wattenmeer charakteristischer Vogelarten.

Skast besitzt eine bemerkenswerte Kirche aus dem Jahr 1200, die von einem hohen und breiten Steinwall umgeben ist. Unter Denkmalschutz steht der 1606 erbaute älteste Bauernhof des Ortes, der „Skasthof".

Nur wenige Kilometer östlich der nach Süden führenden Landstraße liegt

Visby, ein um das Jahr 1200 gegründeter Ort mit vielen alten Häusern und einer großen Renaissancekirche (1514). Der strohgedeckte Pfarrhof aus dem Jahre 1697 ist denkmalgeschützt. Besuchenswert ist auch der Park des Ortes, der mit seinem reichen Sträucher- und Blumenschmuck zu den schönsten Parkanlagen der Gegend gehört.

Zu Visby gehört das zwei Kilometer westlich des Ortes unweit nördlich der Straße gelegene Schloß *Trøjborg* (1347), das lange Zeit im Besitz der dänischen Krone war und mit seinen Befestigungen und Wallgräben dem schwedischen Ansturm von 1644 trotzte. Im 19. Jahrhundert begann das Schloß zu verfallen, heute sind nur noch Ruinen erhalten.

Hjerpsted, 116 km, ist ein gutes Beispiel eines echt westschleswigschen Geest-Dorfes, das mit seinen alten strohgedeckten Bauernhöfen unverändert erhalten blieb. Beachtenswert ist die Dorfkirche.

In der Umgebung gibt es viele Hünengräber aus der Bronzezeit.

Kurz vor *Højer* zweigt rechts eine Zufahrt ab nach *Emmerlev* (🏕), dessen Kirchturm (1343) wie der von Ballum (s. linke Spalte) früher als Seezeichen diente.

Bei *Emmerlev-Klev* (🏠) hat man eine herrliche Aussicht über das Wattenmeer, dessen Umfang allerdings durch die im Bau befindliche große Vordeichung um etwa 1000 Hektar Neuland reduziert wird; die Fortsetzung des neuen Deiches führt auf der deutschen Seite der Grenzlinie bis zum Hindenburgdamm.

Højer (1400 Einw.), 126 km, ist eine der ältesten Ortschaften Dänemarks. Das Städtchen wurde um 1200 auf einer Anhöhe in der Marsch erbaut, um den Sturmfluten widerstehen zu können. Heute liegt es im Schutz der Deiche zwei Kilometer landeinwärts der Neueindeichung (s. S. 44).

Bis zu seiner Eindeichung um 1533 hatte Højer eine große Bedeutung als Seestadt, mit guten Handelsverbindungen nach Holland. Das zeigt sich heute noch an vielen Häusern und Bauernhöfen, deren Wände mit holländischen Fliesen gekachelt sind.

Auf dem idyllischen Marktplatz liegt die um 1200 erbaute romanische Kreuzkirche, die im 14. Jahrhundert ihre heutige Gestalt erhielt. Sie besitzt ein kostbares Chorbogen-Kruzifix (1250), einen prächtigen holzgeschnitzten gotischen Altar (1425) und einen in schwarzen Kalkstein gehauenen romanischen Taufstein. Man beachte auch die schön geschnitzten Renaissancefelder der Kanzel aus dem Jahr 1591.

Am Marktplatz liegen auch zwei ausgezeichnet erhaltene Bauernhöfe aus den Jahren 1756 und 1824. Einen typischen Marsch-Bauernhof aus dem Jahre 1762 mit strohgedecktem Dach kann man in der Storegade sehen.

In der Skolegade steht gegenüber dem Postamt das älteste Haus der Stadt (1708). Sehenswert ist auch der mit einem gewaltigen Strohdach gedeckte Kaufmannshof (1760) am Nørrevej.

Vom alten Deich und von der Schleuse von Højer hat man einen weiten Rundblick über die Marsch und das grüne Deichvorland mit Tausenden von weidenden Schafen. (Im Spätsommer findet in Højer ein großer Schafmarkt statt.) Der Unterschied zwischen Ebbe und Flut beträgt hier 1,80 m. In der größten Windmühle Nordeuropas (1739) wurde ein Sturmflutmuseum eingerichtet.

🛈 Touristinformation, Højer Mølle.

🚌 Busbahnhof *Ved gamle Dige*.

🏨 „Strandhotellet", Emmerlev-Klev (s. S. 44).

Von Højer führt eine Straße in südlicher Richtung nach

Rudbøl, das am Ufer des gleichnamigen kleinen Sees und an der Wiedau (*Vidå*) an einem hohen Deich liegt. Die deutschdänische Grenze verläuft mitten durch die Dorfstraße. Die Grenzsteine stehen direkt in der Straßenmitte.

⌂ „Rudbøl Grænsekros", Rudbølvej 36. – ⚠. – ⚠.

Man verläßt Højer auf der Straße 419 nach Osten und erreicht kurz darauf

2

*** Møgeltønder**, (800 Einw.), 134 km, einen idyllisch am Hang der sogenannten „Geest" gelegenen Ort mit alten strohgedeckten Erkerhäusern in friesischem Baustil. Sie stehen alle unter Denkmalschutz. Die von Linden gesäumte Schloßstraße (*Slotsgade*) aus dem 17. Jahrhundert wird als besonders schöne Dorfstraße bezeichnet. Am Beginn der Straße steht die romanische Dorfkirche (um 1200) mit einem spätgotischen Altar (um 1500), einem Granit-Taufstein (13. Jh.) und einer barocken Kanzel (1694).

Am Ende der Slotsgade kommt man zum *Schloß Schackenborg*, einem Herrensitz (1661 vom Grafen Schack gekauft) mit schönem Rokokopark. Nördlich des Ortes wurden zahlreiche archäologische Funde aus der Stein-, Bronze- und Eisenzeit gemacht.

🏨 „Schackenborg Slotskro". – ⚠.

Tønder (Tondern; 7500 Einw.), 138 km, ist die älteste Stadt Dänemarks mit offiziellem Stadtrecht (1243). Im Mittelalter hatte Tønder als Seehafen große Bedeutung, die aber nach der Eindeichung im 16. Jahrhundert verloren ging. Später wurde die Stadt durch ihre Heimwerkskunst, vor allem die Spitzenklöppelei (sie beschäftigte zeitweise 12 000 Klöppelmädchen) bekannt.

Das *Stadtmuseum*, das im 1740 umgebauten Pförtnerhaus des ehemaligen Schlosses untergebracht ist (das Schloß wurde 1750 abgerissen), zeigt eine große Ausstellung von Möbeln, Fayencen, Silber und Klöppelspitzen. Es besitzt auch die größte Sammlung holländischer Fliesen in Skandinavien.

In Verbindung mit dem Stadtmuseum wurde 1973 das *Kunstmuseum von Südjütland* (*Sønderjyllands Kunstmuseum*) errichtet, in dem auch wechselnde Ausstellungen verschiedener Kunstrichtungen stattfinden.

Die *Christkirche* (*Kristkirke*) wurde 1591 an der Stelle einer wesentlich älteren Kirche erbaut und beherbergt Kunstwerke aus dem 16. und 17. Jahrhundert, vor allem Holzschnitzereien. Der 48 Meter hohe achteckige Kirchturm ist unterhalb seiner Spitze ein Stück offen, um den Weststürmen besser standhalten zu können.

In den alten Straßen der Stadt sind noch viele der für diese Gegend typischen Giebel- und Erkerhäuser aus dem 17. und 18. Jahrhundert erhalten. Das Apothekerhaus in der Østergade 1 besitzt ein prächtiges, von zwei Löwen flankiertes Barockportal. Das Haus wurde 1665 erbaut. Gegenüber, mit dem Giebel zum Markt, steht das einzige mittelalterliche Gebäude der Stadt. Es stammt aus der Zeit um 1520 und besitzt ungewöhnliche flache Fensterbögen. Links davon liegt das Rathaus (1643), und daneben der frühere Gasthof *Humlekærren* („Hopfenkarren"), wo die Hopfenbauern der Insel Fünen einkehrten, wenn sie hierher kamen, um ihren Hopfen zu verkaufen. Ein schönes Renaissancehaus (1668) steht in der Østergade 13.

Bemerkenswert sind ferner das Haus in der Storegade 14 (1671) und das „Deichgrafenhaus" (1777) in der Vestergade 9 mit prunkvollem Rokokoportal. Gegenüber (Vestergade 14) liegt der „Angelsche Hof" mit bemerkenswertem Empire-Portal.

In den mit Erkern geschmückten Häusern der *Uldgade* hatten im 18. Jahrhundert die Handwerker ihre Werkstätten. Ganz in der Nähe liegt das „Amtmann-Palais" (Jomfrustien 6) aus dem Jahre 1768, das als vornehmstes Haus von Tønder gilt.

Schließlich besitzt Tønder auch eine alte Tradition als „Schulstadt"; hier gibt es mehrere Fach- und Gewerbeschulen sowie das älteste Lehrerseminar Skandinaviens.

🅸 Verkehrsbüro, Østergade 2 A.

⛴ Tønder–Esbjerg.

🚌 Busbahnhof Kongevej 7.

🏨 „Tønder", Torvet; „Tønderhus", Jomfrustien 1; „Motel", Vestergade 87; „Hostrups Hotel", Søndergade 30.

⌂ „Abild", Ribe Landevej 66.

⚠ Sønderport 4. – ⚠.

*

Kurz nach der Ausfahrt aus Tønder auf der Straße 8 zweigt südlich eine Straße ab, die über *Sæd* zur nur vier Kilometer entfernten deutschen Grenze führt. Man kann von dort über *Süderlügum* auf bundesdeutschem Gebiet oder im Zuge der Route weiter ostwärts über *Jejsing* (von der Jejsing-Höhe schöner Rundblick), *Burkal* und *Kruså* zurückfahren nach

Flensburg, 182 km.

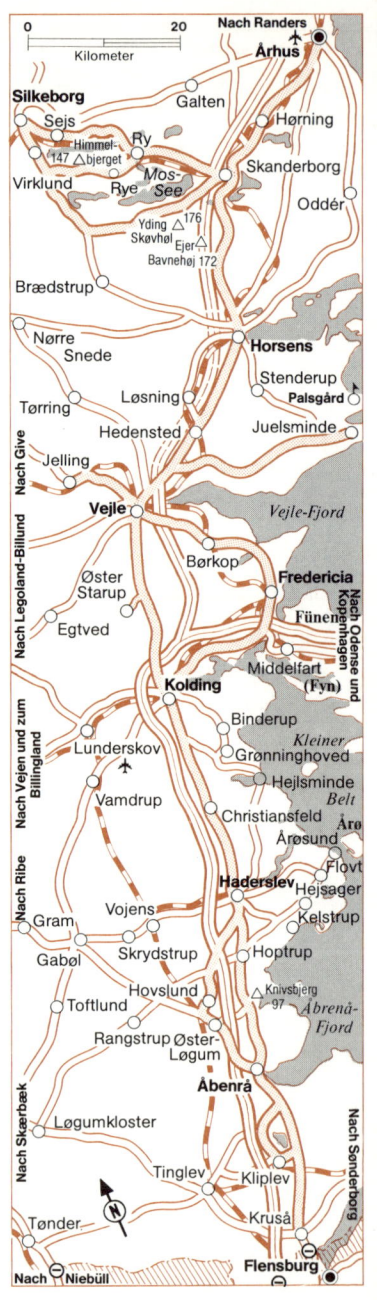

Route 3: Kruså – Haderslev – Kolding (– Fredericia) – Vejle – Horsens – Skanderborg – *Århus (175 km)

Diese Route führt durch Ostjütland und ist die schnellste Verbindung zwischen der Bundesrepublik (Flensburg) und Århus (s. Karte auf Seite 46).

Von den Grenzübergängen an der Autobahn (E 3) oder bei *Kruså* fährt man auf den nach Norden führenden Straßen zuerst nach Åbenrå (s.u.). Nach elf Kilometern lohnt sich ein Abstecher nach *Kliplev* (Gasthof), dessen alte Wallfahrtskirche (14./15. Jh.) wegen ihrer Holzschnitzereien und ihres mittelalterlichen Glockenturms besuchenswert ist.

Åbenrå *(Apenrade;* 21000 Einw.), 24 km, liegt, von waldreichen Hügeln bekränzt, am nordwestlichen Ende des gleichnamigen „Fjords" (Förde) und war früher ein bekannter Überseehafen für Segelschiffe. Heute noch ist es als Handelshafen von Bedeutung; viele Reedereien und Industrien haben hier ihren Sitz. Südlich der Stadt liegen ein schöner Badestrand und der Yachthafen.

Sehenswert sind das *Stadtmuseum* (H.P. Hanssens Gade 33) mit vorgeschichtlichen, ethnographischen und kunsthistorischen Sammlungen sowie einer großen Seefahrtsabteilung mit Flaschenschiffen, das unter Frederik VI. erbaute *Rathaus* mit dänischen Herrscherporträts in der großen Halle, die *St.-Nikolai-Kirche* (13. Jh.) mit Barockaltar (1642) und schöner Kanzel (1565) sowie Schloß *Brundlund,* das um 1400 erbaut, später aber oft verändert (zuletzt 1985 restauriert) wurde und heute Sitz des Landrats ist. Am Burggraben beachte man die schöne alte Schloßmühle.

Sehenswerte alte Giebelhäuser (zum Teil mit schönen Erkern) liegen am Vægterplads („Wächterplatz"), wo auch eine lustige Statue des Nachtwächters steht, in der Slotsgade und in der Pottergade.

Lohnend ist ein Abstecher nach *Øster Løgum,* wo im Norden der alte „Heerweg" (Hærvejen) die Straße kreuzt. An diesem über 1000 Jahre alten Hauptverkehrsweg (er verband Nord- mit Südjütland) liegt bei *Hovslund* der *Hærulf-Runenstein* aus der frühen Wikingerzeit. Die alte Steinbrücke *Immervad Bro* stammt aus dem Jahr 1776.

ℹ Turistbureau, H.P. Hanssens Gade 5.

🚂 Nächste Station ist Rødekro an der Strecke Flensburg–Kolding.

⌂⌂⌂ „Hvide Hus", Flensborgvej 50. – „Sødre Hostrup Kro", Sødre Hostrup, Østergade.

⌂⌂ „Solyst Kro", Flensborgvej 164.

⌂ „Missionshotellet", Klinkbjerg 20; Lundsbjerg Kro", Flensborg Landevej 260; „Garni Bogen", Haderslevvej 48. – Weitere Unterkünfte und ⛺ in der Umgebung.

△ Sønderskovvej 100. – ⛺.

Von Åbenrå folgt man weiter der Straße 170 über den *Knivsbjerg* (97 m; mit schöner Aussicht über den Genner-Fjord) mit der Versammlungsstätte der deutschen Minderheit Nordschleswigs (Freilichttheater und Gedächtnishain) und *Hoptrup,* wo rechts eine Straße zu den beliebten Stränden von *Kelstrup* (⌂, ⛺), *Hejsager, Halk* (⛺), *Flovt* und *Årøsund* (⌂, ⛺, ⛴ nach Årø) abzweigt, nach

Haderslev (Hadersleben; 30 000 Einw.), 49 km. Die alte Handels- und Seestadt an der gleichnamigen schmalen Förde ist heute ein beliebter Touristenort mit mehreren Hotels und Campingplätzen an den nahen Badestränden.

Sehenswert ist das *Haderslev-Museum* (Dalgade 7) mit historischen und prähistorischen Sammlungen, u.a. mit der Nachbildung einer Bronzezeit-Tracht und prähistorischen Opfergeräten. Angeschlossen ist *Südjütlands Freilichtmuseum (Sønderjyllands Frilandsmuseum)* mit wieder aufgebauten alten Bauernhäusern, einer alten Mühle u.a. (geöffnet im Sommer dienstags bis freitags 10–17 Uhr, samstags und sonntags 12–17 Uhr, sonst dienstags bis sonntags 12–16.30 Uhr).

Der hoch gelegene gotische *Dom (Vor Frue Kirke;* 13.–15. Jh.) wurde 1951 restauriert und gehört zu den eindrucksvollsten Kirchenbauten Dänemarks. Man beachte vor allem die 16 Meter hohen Fenster im Chor, das Taufbecken (1485) und die Barockkanzel (1636).

Am Hafen liegt das bemerkenswerte „Reithaus" (18. Jh.; Pferdewagensammlung). In der Altstadt kann man noch viele typische Giebelhäuser aus dem 16. und 17. Jahrhundert sehen. Aus dem Jahre 1569 stammt das *Herzog-Hans-Hospital* mit der gleichnamigen Kirche. Die *Ehlers-Sammlung* in der Slotsgade 20 (Bürgerhaus mit bemalten Paneelen; 16. Jh.)

ist Dänemarks größte private Steingut-sammlung.

Am nördlichen Stadtrand steht der 72 Meter hohe Wasserturm mit einer Aussichtsplattform.

Wenn man Zeit hat, so lohnt sich ein Spaziergang rund um den See *Haderslev Dam* mit der „Vogelinsel" *(Flugleøerne),* einem Reservat für Schwimmvögel. Im Sommer werden auf dem See Bootsfahrten durchgeführt.

Besuchenswert sind auch die Wassermühle am Mühlenbach sowie die Burgruine Tørning (größte mittelalterliche Ruine Südjütlands) und der prächtige *Pamhule-Wald.*

🛈 Verkehrsbüro, Apotekergade 1.

✈ Flughafen Skrydstrup (15 km westlich); mehrmals täglich Kopenhagen.

🚢 Nächste Station Vojens an der Strecke Flensburg–Kolding.

🏨 „Norden", Storegade 55; „Hotel Haderslev", Damparken.

⛺ „Haderslev Camping", Christiansfeldvej; „Anslet Strand", Anslet, Strandvejen 34.

⚠ „Erlevhus", Erlevvej 34.

Bevor man die Stadt verläßt, lohnt sich der Abstecher zu der wenige Fahrminuten östlich gelegenen *Starup-Kirche,* der um 1100 erbauten, ältesten Kirche Nordschleswigs. Vor dem Gebäude steht ein Runenstein aus dem Jahre 900. – Man verläßt Haderslev im Norden und gelangt kurz darauf nach

Christiansfeld (2200 Einw.; Hotel), 61 km, das 1773 von König Christian VII. für die *Herrenhuter-Brüdergemeinde* gegründet worden ist. Die Religionsgemeinschaft besitzt dort ein sehenswertes *Missionsmuseum* mit volkskundlichen Gegenständen aus aller Welt. Eindrucksvoll ist der *Herrenhuterfriedhof „Gudsageren"* (Gottesacker) am Nordostrand der Stadt. Hier werden seit 200 Jahren die Brüder und Schwestern des Ordens in schmuck- und blumenlosen Gräbern bestattet, die alle gleich aussehen. Aus dem Jahre 1776 stammt die Kirche der Brüdergemeinde, die ebenfalls keinerlei Schmuck aufweist. Ein Tisch mit einem Tuch darüber dient gleichzeitig als Altar und Kanzel.

Von dem nahe gelegenen historischen Versammlungsplatz *Skamlingsbanken* (113 m) hat man einen weiten Rundblick über die Insel Fünen und Südjütland.

Die rechts der Straße 170 abzweigenden Landstraßen führen zu den schönen Badestränden am *Lillebælt* (Kleiner Belt), so nach *Hejlsminde* (⚓, ⛺), *Grønninghoved* (⛺), *Binderupstrand* (⛺), *Bjertstrand* (⛺) und *Løverodde* (⛺).

Kolding (57000 Einw.), 76 km, entstand im 13. Jahrhundert rund um die Festung Koldinghus, die an der Grenze zwischen dem eigentlichen Königreich Dänemark und den Herzogtümern Schleswig und Holstein lag. Heute ist die am Westende der Kolding-Förde liegende Stadt ein wichtiges Touristenzentrum am Schnittpunkt der großen Verkehrswege. Die E 66, die Dänemark in West-Ostrichtung durchzieht, führt östlich von Kolding auf einer modernen Autobahnbrücke über den *Kleinen Belt* auf die Insel Fünen.

Das am Ufer eines kleinen Sees an erhöhter Stelle stehende *Schloß *Koldinghus* (1208) wurde später mehrmals umgebaut und erweitert. Vom 15. bis zum 17. Jahrhundert diente es als Königsresidenz. Nach einem Brand, den die napoleonischen Söldnertruppen unter Marschall Bernadotte im Jahre 1808 verursachten, und nach der teilweisen Zerstörung im Krieg von 1864 wurde das Schloß später wieder aufgebaut. Es ist heute ein *Museum* und beherbergt kostbare Sammlungen alter Möbel, historische Gegenstände, Gemälde und andere Kunstwerke sowie eine Abteilung für Kriegsgeschichte. (Geöffnet Mai–Sept. 10–17, sonst 12–15, sonn- und feiertags 10–15 Uhr.)

Sehenswert sind ferner zahlreiche alte Giebelhäuser aus dem 16. und 17. Jahrhundert, die gotische *St.-Nikolai-Kirche* (13. Jh.) mit Renaissance-Einrichtung und schönen (modernen) Glasmalereien, die 1925 im neuklassischen Stil erbaute *Christuskirche* und das *Fremdenverkehrsamt,* das in einem prächtigen Fachwerk-Giebelhaus aus dem Jahre 1589 untergebracht ist.

Südöstlich der Stadt liegt auf dem Weg nach Agtrup der berühmte *Geographische Garten (Den geografiske Have)* mit über 2000 Pflanzen und Blumen aus der ganzen Welt (u.a. mit den sehr seltenen chinesischen Koniferen) und dem größten Bambuswald Europas. In dem angeschlossenen *Rosengarten* kann man mehr als 200 Rosenarten bewundern. (Geöffnet Juli 9–20, Juni und Aug. 9–19, sonst 10–18 Uhr.)

Nur wenige Fahrminuten außerhalb der Stadt gibt es schöne Badestrände, Campingplätze, Reitställe, Golf- und Tennisplätze und beliebte Angelstellen.

🅱 Turistbureau, Helligkorsgade 18.

✈ Vom Flughafen Billund (34 km westlich) nach Kopenhagen.

🚢 Flensburg–Fredericia; Esbjerg–Fredericia.

🏨 „Scanticon-Kolding", Skovbrynet; „Hotel Tre Roser", Byparken; „Saxildhus", Banegårdspladsen.

🏠 „Kolding", Axeltorv 5. – Gulf Motel", Vejlevej" 355.

🏠 „Henico", Strandvejen 12. – „Bramdrup dam Kro", Vejlevej 332.

⛺ Ørnsborgvej 10. – ⛺ 7 Plätze in Stadt und Umgebung.

Etwa 25 Kilometer westlich von Kolding liegt an der E 66

Vejen (6800 Einw.; 🚢; Hotels, ⛺), Sportanglerzentrum und Ausgangspunkt für Ausflüge zu den vielen historischen Steingräbern, Runensteinen und mittelalterlichen Kirchen dieses an Mooren und Wäldern reichen Gebietes. Das Museum beherbergt die wichtigsten Werke des berühmten Bildhauers Hansen Jacobsen, von dem auch die Springbrunnenfigur „Teufel, der Christenblut wittert" stammt. Am Südrand der Stadt liegt das

---

Billingland. In dem großen Naturpark (48 000 m²) mit mehr als 700 verschiedenen Pflanzenarten wurden Miniaturkanäle mit einer Gesamtlänge von 600 Metern angelegt, die vier kleine Seen mit Modellhäfen verbinden, in denen man Modellschiffe fernsteuern kann. Es gibt hier auch eine 500 Meter lange Modelleisenbahn. Eine Fahrt mit dem Billinglandzug entführt in ferne Kontinente: nach Afrika, Amerika oder Asien. In einem Museum kann man Panoramen mit den Nachbildungen denkwürdiger seehistorischer Begebenheiten von den Wikingern bis zur Neuzeit sehen. Außerdem sind viele historische und moderne Schiffe im Maßstab von 1 : 100 nachgebildet. Weitere Attraktionen sind die Pony-Ranch San Salvador und die Piratenburg.

(Geöffnet täglich von 10 bis 20 Uhr.)

Die E 66 führt von Vejen in westlicher Richtung weiter nach Esbjerg (s. S. 62).

*

Von Kolding kann man direkt auf der Autobahn E 3, der Straße 170 (lohnender Abstecher zur mittelalterlichen Dorfkir-

che *Øster Starup*, s. S. 9) oder über *Fredericia* (Umweg insgesamt 13 km) weiterfahren nach *Vejle* (s. S. 50).

Fredericia (46 000 Einw.) ist eine wichtige Handels- und Industriestadt und ein bedeutender Fischereihafen. Die Stadt wurde 1650 von König Frederik III. als Hauptfestung Jütlands und zur Sicherung der Einfahrt in den Kleinen Belt erbaut. Von der 1909 aufgelassenen *Festung* sind noch 5,5 Kilometer lange Wälle mit Bastionen erhalten (größtes Festungswerk Skandinaviens), die die Altstadt im Halbkreis umgeben.

Lohnend ist ein Spaziergang über die mit Bäumen bestandenen Wälle bis zum Strand mit dem *Denkmal für Oberst Lunding*, der 1849 im deutsch-dänischen Krieg einen entscheidenden Sieg über die Deutschen erfocht. Von der Bastion hat man hier einen herrlichen Ausblick über das Kattegat und den Kleinen Belt bis hin zur Insel Fünen. Vor dem Eingang zum Kastell steht das *Denkmal des Seehelden Peter Juhl.*

An den deutsch-dänischen Krieg erinnert auch das *Denkmal für den „Tapferen Landsoldaten"* am Platz Prinsens Port. Es wurde 1858 errichtet und ist das erste Denkmal der Welt für den „Unbekannten Soldaten". Heute ist es auch ein Wahrzeichen der Stadt. Das am gleichen Platz liegende Hauptwachgebäude stammt aus dem Jahre 1753.

Am Prangervej liegt inmitten eines alten Gartens das *Fredericia Museum;* es enthält „Stuben" mit Innenansichten von Häusern aus dem 18. Jahrhundert, von den Kirchen und der Synagoge der Stadt, eine „Soldatenstube" u. v. a. Außerdem wurden in den Garten charakteristische Bauten aus verschiedenen Landesteilen versetzt, so u. a. eine Mühlenscheune aus Egum (mit Werkstätten), ein Nørremarksladen mit einer Landwirtschaftssammlung und eine Tabakscheune (sie wird heute noch zum Trocknen von Tabak benutzt, der im Museumsgarten angebaut wird).

(Geöffnet vom 15.6. bis zum 15.8. täglich, sonst dienstags bis samstags, von 13 bis 17 Uhr, sonn- und feiertags von 10 bis 17 Uhr.)

Weitere Sehenswürdigkeiten der Stadt sind die *Trinitatis-Kirche* (1690) mit schöner Barockkanzel, die katholische *St.-Knuds-Kirche* im Rokokostil (1767) und die *Michaelis-Kirche* (1668).

In der Nähe der Stadt liegen schöne Badestrände.

3

🅸 Fremdenverkehrsbüro, Axeltorv.

�· Flensburg–Århus; Esbjerg–Odense–Kopenhagen.

🏨 „Kronprins Frederik", Vestre Ringvej 96; „Landsoldaten", Norgesgade 1; „Kryb-i-Ly Kro", Kilding Landevej 160.

🏨 „Postgården", Oldenborggade 4; „Sømandshjemmet", Oldenborggade 13. – „Motel Medio", Snoghøj, Kolding Landevej 6; „Peter Aage-Gården", Erribo.

⌂ „Snoghøjgård", Gl. Færgevej 2. – „Hejse Kro", Hejse, Skærbækvej 17.

△ Skovløbervænget 9.

△ „Kærnehuset", Sønderkovstrand; „Trelde Næs", Trelde.

*

Vejle (50000 Einw.), 102 km (auf der Straße 170), wie Fredericia eine Handels- und Industriestadt mit großem Hafen, liegt, von waldbestandenen Höhen umgeben, am Ende der Vejle-Förde. Wegen seiner schönen Lage und Umgebung (*Munkebjerg-Gebiet* an der Südseite der Förde mit Schluchten und Aussichtspunkten) wird Vejle viel besucht. Sein Wahrzeichen ist die am südlichen Stadtrand stehende *Windmühle* von 1847 mit im Sommer geöffneter Mühlen-Ausstellung.

Die gotische *St.-Nicolai-Kirche* (13. Jh.) wurde 1889 vollständig verändert. Sie besitzt eine Renaissancekanzel (1576), ein romanisches Granit-Taufbecken und eine bemerkenswerte Moorleiche („Eisenzeitfrau") aus dem 4. Jahrhundert. In der Nordmauer kann man Löcher sehen, in denen die Schädel hingerichteter Räuber eingemauert sind. Das *Stadtmuseum* (Flegborg 16–18) beherbergt archäologische und historische Sammlungen sowie Kunstsammlungen mit dänischen Gemälden, Skulpturen und Graphiken.

Lohnend ist auch ein Besuch des Tiergartens *Vejle Nørreskov*, östlich der Stadt, mit frei herumlaufendem Wild und einem Vogelreservat. Pfade führen zu den Aussichtspunkten *Ørnebjerg* und *Gyldinghøi*. – Am Nordrand der Stadt beginnt das unter Naturschutz gestellte Tal des Flusses Grejs (*Grejsdalen;* ⌂), mit eigenartigen Kalksteingebilden und reichem Vogelleben.

🅸 Turistbureau, Søndergade 14.

✈ Billund (28 km westlich); täglich nach Kopenhagen.

�· Fredericia–Århus; Fredericia–Holstebro.

🏨 „Munkebjerg", Munkebjergvej 125; „Scandic Australia", Dæmningen 6; „Vejle Center Hotel", Vestre Engved.

🏨 „Motel Hedegården", Valdemar Poulsens Vej 4; „Hotel Vejle", Dæmningen 52. – „Bredal Kroog Motel", Horsensvej 581.

⌂ „Grejsdalens Hotel & Kro", Grejsdalsvej 384.

△ Gammel Landevej 80. △ „Kommunes Campingplads", Nørremarksvej 18.

Ein lohnender Abstecher führt auf der Straße 18 (oder im Juli/August mit dem „Schnauferl-Zug") nach dem zehn Kilometer nordwestlich liegenden

Jelling (1800 Einw., �·; Hotels, 2 △), einem alten Königssitz mit Runensteinen (s. S. 9) und Grabhügeln (höchste Hünengräber Dänemarks, 21 und 24 m). Vermutlich wurden hier König Gorm der Alte (s. S. 6) und Königin Thyra, das erste dänische Königspaar (10. Jh.), bestattet. Die beiden berühmten Runensteine stehen unmittelbar neben der uralten Pfarrkirche aus dem 11. Jahrhundert, die auf den Resten eines vorchristlichen Heiligtums erbaut wurde.

Ein anderer Abstecher führt nach dem 30 Kilometer westlich an der Straße 28 liegenden

Billund (3300 Einw.; Hotels; △), mit *„Legoland",* dem Spielparadies für Kinder und jung gebliebene Erwachsene. Aus mehr als 25 Millionen Lego-Bausteinen wurden hier Miniaturstädte mit bekannten Sehenswürdigkeiten nachgebildet. Mit Miniaturautos, -eisenbahnen und -booten kann man im Gelände herumfahren. Außerdem gibt es das Puppenhaus „Titanias Palace", ein Puppenmuseum (450 Puppen), ein Restaurant, Musikkapellen, eine „Wildwest-Stadt", Ponyreiten und allerlei andere unterhaltsame Einrichtungen. (Geöffnet Anfang Mai bis Mitte September von 10 bis 20, Innenausstellungen auch sonst an Wochenenden von 10 bis 17 Uhr.)

Von hier geht es zum 18 Kilometer nordwestlich von Vejle an der Straße 18 gelegenen

*****Tierpark Givskud** mit einem Löwenpark. In dem 55 Hektar großen, mit Fichten und Kiefern bestandenen Naturpark kann man vom eigenen Wagen die frei herumlaufenden Tiere (etwa 40 Löwen, Affen, Strauße, Zebras, Lamas, Antilopen, Wildschweine, Wasserbüffel, Kamele u.a.) beobachten. Auf der Fahrt durch den mit (Elektro-)Zäunen und Gittern gesicherten Löwenpark wird man von einem Streifenwagen begleitet. Das Aussteigen in der Anlage ist verboten. (Geöffnet Mai–September von 10 bis 16,30 bzw. 18 Uhr.)

Von Vejle führt eine gute Straße zu dem etwa 30 Kilometer östlich liegenden Hafen *Juelsminde* (2200 Einw.; ⌂, △, ⚐) und zum *Schloß Palsgård* (s.S. 12).

*

Die E 3 führt weiter über *Hedensted* (mittelalterliche Dorfkirche, s.S. 9) nach

Horsens (55000 Einw.), 129 km, einer lebhaften Handels- und Industriestadt *(Industriemuseum* am Gasvej) am Horsens-Fjord (Förde). In der Stadt sind noch alte Straßen mit schönen Patrizierhäusern aus dem 18. Jahrhundert erhalten, vor allem in der repräsentativen Søndergade (*Palais Lichtenberg;* heute Hotel), in der Nørregade und am Åboulevard.

Am Sundvej liegen das *Museum* mit archäologischen und historischen Sammlungen und daneben das *Kunstmuseum* mit Sammlungen der modernen Kunst. Am Marktplatz beachte man die *Erlöserkirche (Vor Frelsers Kirke),* in der Borgergade die ehemalige *Franziskanerklosterkirche* (1267) mit kostbaren Holzschnitzereien (14./15. Jh.) und schöner Kanzel (um 1580). Am westlichen Stadtrand liegt *Schloß Bygholm* (1775; heute Hotel, s.u.) mit Park und anschließendem Wald.

Schöne Ausflüge führen zum prähistorischen „Heerweg", zu den idyllischen Buchten des Flusses *Gudenå,* zu den mittelalterlichen ostjütischen Dorfkirchen (berühmt sind die Kirchen von *Tamdrup* und *Ørreslev,* s. S. 9), zum *Freilichtmuseum* von *Glud* am Südrand der Förde und zur nahe gelegenen Insel *Hjarnø* (Fähre ab Snaptun) am Eingang der Förde, mit Wikinger-Schiffsgräbern, ferner zu den nördlich der Förde gelegenen Herrensitzen *Åkjær, Rødstenseje* und *Rathlousdal* sowie zum schön gelegenen Ferienort *Odder* (⚐) und zum 15 km langen Badestrand von *Hov* (△), *Saxild* (△) und *Norsminde* (⚐).

🛈 Verkehrsbüro, Søndergade 26 (Altes Rathaus).

🚢 Vejle–Århus.

🏨 „Bygholm Parkhotel"; „Jørgensen"; „Danica".

🏨 „Dagmar"; „Postgården"; „Thorsvang Motel".

⌂ „Endelave Gæstgiven", Insel Endelave (🚢 ab Snaptun); „Kursus- og Feriencenter", Insel Hjarnø (🚢 ab Snaptun); „Søvind Kro", Søvind.

△ Flintebakken 150. – △ in Horsens, Stensballe, am Bygholm Sø und auf Hjarnø.

Weiter auf der E 3, die an *Ejer Bavnehøj* (171 m) und *Yding Skovhøj* (173 m), den höchsten Erhebungen Dänemarks, vorbeiführt, nach

Skanderborg (11000 Einw.; Hotels, △ und 2 ⚐), 151 km. Die um ein mittelalterliches Königsschloß (nur Schloßkirche erhalten) am Skanderborg-See entstandene Stadt besitzt noch viele schöne alte Häuser und im Dyrehave-Park ein am See gelegenes Ferienzentrum „Skanderborghus" mit Sauna, Bootsverleih, Angelmöglichkeit, Tennisplätzen, Reitschule u. a. – Wenig später erreicht man

*Århus, 175 km, s.S. 22.

*

Von Skanderborg, Horsens und Århus führen gute Straßen in das Seengebiet von *Silkeborg.* Am *Mos-See (Mossø),* westlich von Skanderborg, liegen die Ruinen des 1172 von Zisterziensern gegründeten Klosters *Øm.* Die angelsächsische Klosterkirche von *Venge* (s.S. 9) ist nur wenige Fahrminuten entfernt. Die „Himmelberg-Seen" (s. S. 19) werden von *Gudenå,* dem längsten Fluß Dänemarks (160 km) durchflossen, der besonders bei Kanufahrern beliebt ist. Den Aussichtspunkt auf dem *„Himmelberg" (Himmelbjerget,* 147 m) kann man von Silkeborg aus mit Europas ältestem Dampfschiff (1861), dem Raddampfer *Hjejlen* („Regenpfeifer"), erreichen.

Silkeborg (47000 Einw.; 32 km nach Skanderborg, 44 km nach Horsens, 42 km nach Århus) ist ein beliebter Ferienort mit sehr guten touristischen Einrichtungen (🚢; Hotels, △ und ⚐). Im Sommer kann man im *Langsee* täglich die Farbenspiele von Nordeuropas größtem Farbfontänen sehen. Der 1777 erbaute *Hovedgården* enthält heute die Sammlungen des Museums, zu denen auch der „Tollund-Mann" (s.S. 8), prähistorische Steinwerkzeuge sowie Schmuck aus der Urzeit gehören. Ein *Museum* für *Moderne Kunst* mit Werken Asger Jorns liegt am Gudenåvej 7–9. Im nahe gelegenen Gjern befindet sich das größte *Automobilmuseum* Jütlands mit 130 Fahrzeugen aus den Jahren 1900 bis 1942.

Route 4: *Århus (– Grenå) – Randers – *Aalborg – Frederikshavn – *Skagen (211 km)

Von *Århus (s. S. 22) führt die E 3 nach Norden. Wenn man Zeit hat, sollte man aber, anstelle dieser direkten Fahrt nach *Randers* (36 km; s. S. 53), den Umweg durch das ostjütische *Djursland* (über Grenå) machen (insgesamt 120 km).

Auf der direkten Straße nach Randers (E 3) lohnen sich Abstecher zu der mittelalterlichen Dorfkirche von *Todbjerg* (s. S. 10) und zum Barockschloß *Clausholm* (s. S. 12) aus den Jahren 1693 bis 1722, in dessen Schloßkapelle man die älteste dänische Orgel besichtigen kann.

Wenn man durch das *Djursland* fahren will, das wegen seiner kilometerlangen Strände, seiner unberührten Heidegebiete und Wälder, seiner zahlreichen Schlösser und Herrensitze, mittelalterlichen

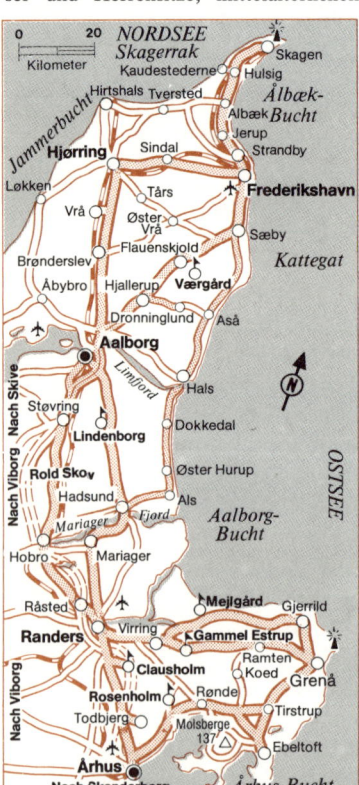

Dorfkirchen und archäologischen Stätten mit großen Hünengräbern u. a. bekannt ist, verläßt man Århus auf der Straße 15 und fährt über *Skæring* (Badestrand) und *Skudstrup* nach *Løgten*, 18 km, von wo sich Abstecher zu der vier Kilometer nördlich liegenden Dorfkirche von *Hornslet* (12. Jh., s. S. 10; ☖) und zum

Renaissanceschloß Rosenholm (s. S. 12) aus der Zeit um 1550 lohnen. Baron Holger begann hier im 16. Jahrhundert mit der Erziehung und dem Unterricht junger Adelssöhne, so daß man das Schloß bald als „erste jütländische Universität" bezeichnete. Es ist mit prachtvollen alten Möbeln, Gemälden und anderen Kunstwerken ausgestattet.

Bei *Ugelbølle* (☖), 24 km, zweigt von der Straße 15 links eine gute Straße nach *Thorsager* (mittelalterliche Rundkirche s. S. 10), rechts eine Landstraße zu den nahen Stränden von *Kalø Vig* (⛺) ab.

Rønde (6000 Einw.; ⛺), 28 km, ist wegen der Burgruine *Kalø (1313)* besuchenswert. Man erreicht sie über einen alten Damm, der durch ein Vogelschutzgebiet (Möwenbrutplätze) führt. Gustav Vasa wurde hier gefangengehalten, entkam aber 1519. Im 17. Jahrhundert wurde die Burg niedergerissen, und die Materialien wurden zum Bau von Charlottenburg in Kopenhagen verwendet. Sehenswert ist auch der alte Herrensitz *Kalø-Hovedgård*. Bei Rønde kann man auch in das schöne Hügelland der Halbinsel *Mols* abzweigen, wo sich weite Heidelandschaften und Tannenhaine erstrecken. Zu Füßen des 137 Meter hohen *Agri Bavnehøj* (weiter Rundblick) liegt bei *Knebel* das

Posekjær Stenhus, eines der größten prähistorischen Gräber des Landes. Es besteht aus fünf kreisförmig aufgestellten Hünensteinen, auf denen ein langer Steinblock ruht. Umgeben ist das Grab von 23 großen Steinblöcken.

Lohnend ist auch der Abstecher nach

*Ebeltoft (4000 Einw.), einem reizvollen alten Städtchen mit vielen Fachwerk- und Riegelbauten (Färbereihof, Rasmussenhof u. a.) und engen Pflasterstraßen aus dem 17. Jahrhundert. Im alten Rathaus (1576; 18. Jh. umgebaut) ist ein volkskundliches Museum untergebracht. Das alte Postgebäude (Postgården) stellt eine

Straße in Ebeltoft

interessante ethnographische Sammlung aus Thailand aus. Die mittelalterliche Kirche (1792 umgebaut) besitzt Fresken aus dem 15. Jahrhundert. Sehenswert sind ferner die im Hafen liegende historische Fregatte „Jylland" aus dem Jahre 1860, die noch mit einigen der ursprünglich 44 Vorderlader-Kanonen bestückt ist, sowie eine neu eingerichtete *Glashütte*.

🛈 Turistbureau, Torvet 9.

✈ Djursland-Flughafen Tirstrup: täglich nach Kopenhagen.

🚌 Århus, Randers, Grenå u.a.

🚢 Fährschiff nach Sjællands Odde auf Seeland, 1 Std. 40 Min., 6–10mal täglich.

🏨 „Ebeltoft Strand"; „Hvide Hus".

🏨 „Ebeltoft Parkhotel"; „Mols Kroen".

⌂ „Ebeltoft".

Weitere Unterkünfte in Femmøller Strand.

⚠ (März–Okt.) Søndergade 43. – 7 ⚠.

Grenå (13000 Einw.), 62 km, ohne den Abstecher nach Ebeltoft, ist ein Hafenstädtchen, das einen schönen Strand, Heide und das ganzjährig geöffnete Ferienhotel „Du Nord" mit geheiztem Swimmingpool, Möglichkeiten zum Minigolf- und Tennisspielen, Reiten, Fischen u.a. bietet. In der Stadt ist das *Djursland-Museum*, das archäologische, kulturhistorische, volkskundliche und Fischereisammlungen zeigt, sehenswert. Der heiligen Gertrud aus Thüringen ist die um 1300 erbaute und im 17. Jahrhundert umgestaltete Marktkirche geweiht. Hoch über der Stadt steht die Windmühle *Baunhøj Mølle*.

🛈 Turistbureau, Markedsgade.

✈ Tirstrup (25 km): nach Kopenhagen.

🚢 Århus–Grenå

🚢 Insel Anholt (Fahrzeit 2¾ Std.); Hundested/Seeland (2 Std. 40 Min.); Varberg/Schweden (4 Std.); Helsingborg/Schweden (4 Std.).

🏨 „Hotel du Nord", Kystvej 25.

🏨 „Motel Grenå", Trekanten 30.

⌂ „Grenå Strand", Havneplads 1. – 2 ⚠.

Man verläßt Grenå nach Westen auf der Straße 16. Rechts (nördlich) zweigen Landstraßen ab, die zu der prächtigen romanischen Kirche von *Gjerrild* (s. S. 10; Hotels, ⚠, ⚠), zum ältesten dänischen Pfarrhof Rimsø mit Runenstein am alten Kirchhof zu den Schlössern *Sostrup* (um 1600; heute eine von Zisterziensernonnen betriebene Hotelpension) und *Mejlgård* (16. Jh., s. S. 12: Schloß-Restaurant) und zu den Badeständen *Bønnerup* (🏨, ⚠) und *Fjellerup* (⚠) führen. Bei *Ramten*, 78 km, besichtige man das in der Stenvad-Heide liegende große prähistorische Steingrab. Kurz darauf zweigen von der Straße 16 Zufahrten ab zum Schloß *Løvenholm* (16./17. Jh.: s. S. 12) sowie zum *Freizeitpark „Djurs Sommerland"* (mit Wasserrutsche; ⚠).

Gammel Estrup, 112 km, war im 14. Jahrhundert ein großes Rittergut, wurde um 1500 zu einem Herrensitz und später zu einem Renaissance-Schloß (s. S. 12) umgestaltet. Es beherbergt seit 1930 **Jütlands Herrensitzmuseum* mit einer Sammlung von alten Bildern und Möbeln (geöffnet von Mai bis Oktober täglich, außer montags, von 10 bis 17 Uhr, in der übrigen Jahreszeit nur am Wochenende von 11 bis 16 Uhr). Der Herrenhausgarten ist Mitte des 18. Jahrhunderts im französischen Stil angelegt worden. Das *Dänische Landwirtschaftsmuseum* (große Sammlungen alter Geräte) wurde 1972 von Kopenhagen nach hier verlegt.

Randers (62 000 Einw.), 36 km auf der E 3, 120 km über Grenå auf den Straßen 15/16, liegt an der *Gudenå-Mündung* in den Randers-Fjord (Förde). Es ist eine Industrie- und Handelsstadt mit gut erhaltenen Häusern aus dem 15. bis 17. Jahrhundert und einladenden, modernen Fußgängerstraßen. Man beachte vor allem das Heiligengeisthaus (*Helligånds-huset*) am Erik Menveds Plads, das 1436 erbaut und hervorragend restauriert wurde (heute ist dort das Touristenamt untergebracht). Als ältestes Steinhaus der Stadt gilt das *Påskesønnernes Hus* am Rathausplatz. Das *Stadtmuseum* (Stemannsgade 2) bietet bedeutende kulturhistorische und volkskundliche Sammlungen sowie Kunstsammlungen. Die *Mortenskirche* (15. Jh.; Kirkegade) ziert eine schöne Barockeinrichtung.

🄸 Fremdenverkehrsamt, Helligåndshuset, Erik Menveds Plads 1.

⛴ Århus–Aalborg.

🏨 „Scandic-Hotel Kongens Ege"; „Hotel Randers".

🏨 „Hotel Kronjylland"; „Detnye Missionshotel-Randers Sømandshjem".

⌂ „Motel Hornbæk".

△ und ⚿ in Fladbro.

Für die Weiterfahrt bieten sich zwei Möglichkeiten an: Einmal auf der E 3 über *Råsted* (sehenswerte romanische Kirche, s. S. 10) und *Hobro* (9000 Einw.; Hotels, △ ganzjährig, ⚿), 63 km, ein hübsches Städtchen am Mariager-Fjord mit Stadtmuseum und Resten der Wikingerburg *Fyrkat* (rekonstruiertes Wikingerhaus) aus dem Jahre 1000.

Die Alternative ist der Weg über *Mariager* (2100 Einw.; Hotels, ⚿), die „Stadt der Rosen", mit schönen alten Fachwerkbauten, Klostergebäuden und Klosterkirche (1470) sowie einem 110 Meter hohen Hügel aus der Bronzezeit (Hohøj; schöne Aussicht), und *Hadsund* (4000 Einw.; Hotels, △, ⚿) am Nordufer des Fjords (sehenswerter Renaissancehof *Visborggård* von 1575 mit Wallgräben).

An der Ostküste *(Aalborg Bugt)* liegen die schönen flachen (auch für Kinder sehr geeigneten) Badestrände *Als*, *Øster Hurup* (⚿) und *Dokkedal* (⚿) sowie das *Lille Vildmose* („Kleines Wildmoor"), Dänemarks größtes Hochmoor (großer Wildbestand), das durch eine kleine Sandbank vom Meer getrennt ist.

Mariager: Kirche

Sowohl die E 3 von *Hobro* als auch eine Landstraße von *Hadsund* über *Astrup* führen nach *Rold* (🏨 Zirkusmuseum). Der nördlich des Ortes gelegene

***Rold Skov** ist der größte Wald Dänemarks. Er besteht aus einem 8800 Hektar großen Nadelwald, kleineren Buchen- und Eichenwäldchen und dem geheimnisvollen „wegelosen" *Troldeskov* („Gnomenwald"), mit seinen knorrigen Buchenstämmen und dunklen Kronen, der unter Naturschutz steht. Kreuz und quer führen Wege durch den Wald, einige dürfen mit dem Auto befahren werden. Auf dem Aussichtshügel *Høje Odde* steht ein Waldturm, von dem aus man eine herrliche Aussicht genießt. Im Wald liegen idyllische kleine Seen, das Renaissanceschloß *Lindenborg*, Hünengräber sowie „Den Jyske Skovhave", ein Waldgarten mit über 100 Baumarten. In *Thingbæk* besichtige man die unterirdischen Kalkminen mit hohen Gewölben, in denen die Skulpturen der Bildhauer Carl Bonnesen und Anders Bundgård ausgestellt sind. In *Rebild* (Hotels; △, ⚿) ist das „Spielmanns- und Heimatmuseum" sehenswert.

Zu den größten Sehenswürdigkeiten des Landes gehören die am Nordrand des Waldes liegenden

***Rebild Bakker**, eine Reihe von Anhöhen die in der Eiszeit, als das Schmelzwasser der Gletscher tiefe Täler grub, entstanden. Die Hügel sind der einzige Nationalpark Dänemarks, eine Schenkung von nach Amerika ausgewanderten Dänen, die sich alljährlich am 4. Juli hier treffen und den amerikanischen Unabhängigkeitstag feiern. Der sehenswerte „Cimbernstein" soll an die aus diesem Gebiet ausgewanderten Cimbern (s. S. 6) erinnern. Eindrucksvoll ist eine Wanderung durch den *Hulvejen* („Hohlweg"). Man besichtigt auch das dänisch-amerikanische Auswanderermuseum *Lincoln Log Cabin*, eine 1934 aus Holzstämmen, die aus verschiedenen amerikanischen Staaten stammen, errichtetes Holzhaus mit historischen Erinnerungen an die Pionierzeit.

***Aalborg,** 111 km, s. S. 27, verläßt man im nördlichen Stadtteil Nørresundby (s. S. 31) auf der E 3, die zuerst am Ostrand des Naturschutzgebietes *Hammer-Bakker* entlangführt, dann über *Hjallerup* (🏨; lohnender Abstecher zum ehemaligen Benediktinerkloster von *Dronninglund* [Hotels] mit sehenswerten Wandmalereien aus der Zeit um 1500 in der Kirche) und *Flauenskjold*, (Schloß Voergård, s. S. 12), 146 km, weiterführt nach

Sæby (6600 Einw.), 161 km. Der alte Fischerort erhielt 1524 die Stadtrechte und ist heute wegen seiner großen Fischauktionen und der größten Garnelen-Verarbeitungsfabrik Europas bekannt. In der Algade und Strandgade kann man noch schöne alte Fischerhäuser sehen. Die *St.-Marien-Klosterkirche* (1460) ist wegen ihrer sehr gut erhaltenen gotischen Wandmalereien besuchenswert. Sehr schön ist der weiße Badestrand (1 km lange Strandpromenade).

🛈 Turistbureau, Krystaltorvet 1.

🏨 „Viking".

🏠 „Pension Aahøj".

△ „Sæbygårdsvej 32. – 3 △.

Man kann Sæby auch auf der Küstenstraße über *Hals* (Fähre; Hotels, △), *Hou* (2 △), *Aså* (1400 Einw.; △) und *Voerså*, alle mit schönen Badeständen und Ferienhäusern, erreichen.

Auf der E 3 kommt man bald nach

Frederikshavn (25 000 Einw.), 173 km, Nordjütlands wichtigster Hafenstadt für den Fährverkehr mit Norwegen und Schweden und einer bedeutenden Handels- und Industriestadt (Schiff- und Motorenbau). Die moderne Stadt besitzt mit *Fiskerklyngen* noch einen charakteristischen Altstadtteil mit Fischerhäusern aus dem 17. und 18. Jahrhundert. Von der ehemaligen Festung ist nur der *Pulverturm* erhalten, in dem heute eine Waffensammlung mit Stücken seit der Zeit um 1600 untergebracht ist. Lohnend ist auch die Auffahrt auf den 60 m hohen *Cloos-Turm* (weiter Rundblick aus einer Höhe von 160 m ü. d. M.). Ein kleines Spezialmuseum für Kunst auf Papier findet man am Parallelvej.

Hinter den die Stadt bekränzenden Pikker-Hügeln *(Pikkerbakkerne)* liegt der frühere Herrensitz *Bangsbo*, ein Fachwerkhaus aus der Zeit um 1750. Er ist heute ein kulturhistorisches Museum mit großer Schiffsabteilung und Wagensammlung; man kann hier u.a. das rekonstruierte „Elling-å-Schiff" (12. Jh.) sehen. – Nördlich der Stadt erstreckt sich der *Bratten-Strand* mit Dünen und weißem Sand.

🛈 Turistbureau, Brotorvet 1.

✈ Sportflughafen.

⛴ Aalborg–Skagen.

⛴ Insel Læsø/Vesterøhavn (Fahrzeit

1 Std. 30 Min.); Göteborg/Schweden (3 Std. 15 Min.); Oslo/Norwegen (9 bis 11 Std.); Larvik/Norwegen (6 bis 10 Std.); Moss/Norwegen (7 Std.).

🏨 „Frederikshavn" (mit Hallenbad in „Tropischer Badelandschaft"), Tordenskjoldsgade 14; „Jutlandia", Havnepladsen 1; „Motel Lisboa", Søndergade 248.

🏠 „Mariehønen"; „Turisthotellet".

🏠 „Sømandshjem". – △ Buhlsvej 6. – ⛺ Nordstrand.

*

Ein anderer Weg von *Aalborg nach Frederikshavn führt auf der Straße 13 an *Brønderslev* (10 000 Einw.; Hotel, △, △), einer Stadt mit Maschinenfabriken, und an Vrå (beide westlich der Straße) vorbei nach *Hjørring* und von dort auf der Straße 35 weiter.

Vrå (🏠) ist wegen seiner mittelalterlichen Kirche mit ungewöhnlichen Fresken (um 1500; s. S. 10) besuchenswert. Sie stellen ganz verschiedene Motive dar (Himmelfahrt Christi; musizierendes Schwein).

Hjørring (33 000 Einw.), die alte Hauptstadt des nordjütischen Gebietes *Vendsyssel*, ist heute eine bedeutende Markt- und Handelsstadt. Das sehenswerte historische Museum ist in einem alten Propsthof (1770) und drei anderen Gebäuden untergebracht und bietet u.a. große archäologische und mittelalterliche Sammlungen sowie Gegenstände zur Volkskultur. Das Kunstmuseum enthält vor allem Werke einheimischer Künstler. Sehenswert sind ferner drei mittelalterliche Kirchen: die auf einem Hügel liegende *St.-Olai-Kirche* (12. Jh.), die *St.-Hans-Kirche* (1350) mit interessanten Wandmalereien und die *St.-Katharinen-Kirche* (1250) Ecke Vestergade/Kirkestræde, die Mitte des 18. Jahrhunderts ein geschwungenes Giebeldach erhielt und kunstvolle Fresken (16.Jh.) sowie ein Renaissance-Altarbild (1651) birgt. – Freilichtbühne am Südwestrand der Stadt. Die umliegenden mit Heide bedeckten *Hjørring-Berge* sind Naturschutzgebiet. Bernsteinschleiferei und -museum in *Mygdal* (14 km nordöstlich.)

🛈 Akseltorv.

⛴ Aalborg–Frederikshavn/Hirtshals.

🏨 „Phønix".

🏠 „Garni". – „Pension Ugiltlund", Ugilt. – △. – △.

Von Hjørring sind es nur noch 17 Kilometer nach *Hirtshals* (s.S. 56), bzw. 34 Kilometer nach *Frederikshavn*.

55

Man verläßt Frederikshavn im Norden auf der Straße 40. Kurz nach der Stadtausfahrt zweigt rechts eine Nebenstraße ab und führt zu dem Fischerdorf *Strandby* (🏠), dessen moderne Kirche einem Fischkutter nachgebildet ist.

Weiter geht die Fahrt auf der Straße 40, die nun parallel zur Bahnlinie verläuft, über *Jerup* und *Ålbæk* (schöner Badestrand; 🏠, ⚠) zum malerisch gelegenen Badeort *Hulsig* (🏠, ⚠). Von hier führt eine Zufahrt nach *Kandestederne* (🏠), wo man riesige, ein Gebiet von 1700 Hektar umfassende Wanderdünen (*Råbjerg Mile;* ⚠) sehen kann. Sie sind mehr als 40 m hoch und verschieben sich jedes Jahr um 8 bis 10 m weiter nach Osten.

Kurz nach Hulsig erreicht man den großen Fischerhafen

*Skagen (12000 Einw.), 211 km, der auch einer der bekanntesten dänischen Badeorte ist. Von der alten versandeten Kirche, die 1795 wegen des Sandtreibens aufgegeben werden mußte, ist noch der Turm zu sehen. Er diente lange als Seezeichen. *Skagens Fortidsminder* ist ein Heimatmuseum, das die Entwicklung der Fischerei seit 300 Jahren zeigt. Die Stadt wird viel von skandinavischen Künstlern besucht. Im **Skagens Museum* kann man zahlreiche Kunstwerke der Jahrhundertwende, hauptsächlich Gemälde von Ancher, Krøyer und Tuxen, sehen. Auch *Michael & Anna Ancher's Hus* und *Drachmann's Hus* beherbergen ausgesuchte Gemäldesammlungen.

Nordöstlich von Skagen liegt die weit ins Meer vorgeschobene Landzunge **Grenen,* mit Moor, Heide und Dünen. Das moderne Gebäude des *Grenen Museet* enthält auch das Restaurant „De 2 Have" („Die 2 Meere"), dann vor der Landspitze vereinigen sich Skagerrak (Nordsee) und Kattegat (Ostsee). In den Dünen steht ein 44 Meter hoher Leuchtturm. Nahebei liegt das Grab des Dichters Holger Drachmann (1846–1908), des „Sängers des Meeres".

🛈 Verkehrsbüro, Sct. Laurentiivej 18.

🚃 Frederikshavn–Skagen.

🏨 „Skagen".

🏠 „Brondums Hotel"; „Hotel Norden"; „Foldens Hotel". – In Gammel Skagen: „Ruths Hotel", „Strandhotellet".

⌂ „Sømandshjemmet"; „Strandly".

⚠ Gammel Skagen.

3 ⚠.

Route 5: Hirtshals – Hjørring – Løkken – Thisted – Struer – Holstebro (216 km)

Diese Route führt von der Nordküste Jütlands bis nach Holsterbro südlich des Limfjords und ist vor allem für die Pkw-Reisenden interessant, die ihre Rundreise im östlichen Teil Jütlands begonnen haben und nun durch den westlichen wieder zurückfahren wollen. Sie ist also eine Fortsetzung der in den beiden vorigen Kapiteln beschriebenen Routen 3 und 4.

Hirtshals (6800 Einw.) besitzt einen der größten Fischereihäfen Dänemarks. In ergiebigen Jahren werden oft eine Million Tonnen Fische an Land gebracht (Das 1984 eröffnete *„Nordseemuseum"* gegenüber dem Rathaus ist ein besuchenswertes Fischereimuseum).

Südlich der Stadt liegt der schöne *Krage-Strand,* dahinter erstrecken sich bekannte Brombeertäler. Im Osten grenzt die Dünenpflanzung *Lilleheden* an Hirtshals, die ein ideales Wandergebiet ist.

🛈 Turistbureau Vestergade 32.

🚃 Aalborg–Hjørring–Hirtshals.

🚢 Autofähren nach Kristiansand, Egersund, Oslo, Stavanger und Bergen in Norwegen sowie Harwich in England.

🏨 „Feriehotel Fyrklit".

🏠 „Skagerrak".

⌂ „Sømandshjemmet".

⚠ (Febr.–Nov.), Kystvejen 53. – ⚠.

Östlich von Hirtshals erstreckt sich die weite Heide- und Dünenlandschaft der *Tannis-Bugt* bis nach Skagen (siehe Route 4). Beliebte Badestrände an dieser Bucht sind *Kjul* (⚠), *Uggerby* (schöne Dünenpflanzungen), *Tversted* (Hotel, 2 ⚠; künstliche Waldseen; romanische Kirche), *Skiveren* (sehr einsam), *Kandestederne* und *Gammel-Skagen* („Alt-Skagen"), oft mit guten Campingplätzen.

Südlich von Hirtshals liegen die bekannten Badestrände der *Jammerbugt: Lønstrup, Løkken, Grønhøj, Saltum, Blokhus, Rødhus, Tranum-Strand, Slettestrand, Svinkløv* und *Torup-Strand*, zu denen gute Zufahrten von den Straßen 55 und 11 führen. Die meisten genannten Badeorte besitzen gute und einfache Hotels, Campingplätze, zu mietende Sommerhäuser und andere touristische Einrichtungen.

Man verläßt Hirtshals im Süden auf der Straße 13 und erreicht kurz darauf

Tornby, einen beliebten Ferienort (⌂, ⚠) mit weiten Dünenpflanzungen, markierten Wander- und Reitwegen und einem herrlichen Badestrand. Es folgt

Hjørring, 17 km, s. S. 55. Die Straße 13 führt von hier weiter nach Aalborg (s. Route 4).

Man verläßt Hjørring im Westen auf der Straße 55. Kurz nach der Stadtausfahrt und dem Überqueren des Liver-Baches lohnt sich ein Abstecher rechts nach *Vennebjerg*, dessen hoch gelegene Dorfkirche wegen ihres englisch-normannischen Portals bemerkenswert ist, und weiter zum weißen Sandstrand von *Lønstrup* (Hotel, ⚠) mit seinen wilden Dünen. Etwas südlich liegt in den Dünen die romanische Kirche *Mårup* mit dem riesigen Anker des englischen Kriegsschiffes „Crescent", das 1908 hier unterging.

Man kann von hier auf einer guten Straße südwärts zurück auf die Straße 55 fahren, vorbei an der *Rubjerg Knude* (72 m), einer steil zum Meer abfallenden Düne mit interessanten geologischen Schichten; beim alten Leuchtturm wurde 1980 ein in Europa einzigartiges Museum über Sand und Dünen eröffnet.

Von dem sehr beliebten Badeort *Løkken* (1400 Einw.; Hotels aller Preisklassen, 10 ⚠), 37 km, von dem aus man im Sommer über den harten Strand mit dem Auto bis zum 14 Kilometer südlich liegenden ebenso beliebten Bade- und Ferienort *Blokhus* fahren kann, lohnt sich ein Abstecher zum nahen

Børglumkloster (6 km) aus dem 13. Jahrhundert. Es steht auf den Resten des alten Königsschlosses von König Knud dem Heiligen (11. Jh.). Im 18. Jahrhundert wurde es restauriert; dabei wurde auch der „Königssaal" mit den lebensgroßen Bildern der oldenburgischen Herrscher von Dänemark geschmückt. Die mit dem Kloster zusammengebaute gotische Kirche (früher Dom; Bischofssitz) besitzt eine schöne Rokoko-Einrichtung.

Bemerkenswert ist vor allem der Altar, der die ganze Länge der rechten Chorwand einnimmt. Im Seitenschiff liegt das Grabmal der Baumeisterfamilie Thurah, die 1750 bis 1756 das Kloster restaurierte. Im Sommer finden hier Kirchenkonzerte statt. (Klosterhof und Kirche sind von Juni bis Mitte August von 10 bis 17 Uhr zugänglich.)

Weiter geht die Fahrt auf der Straße 55 über *Saltum* (4 ⚠; Dorfkirche mit spätgotischen Fresken um 1520), am Vergnügungspark „Fårup Sommerland" vorbei und über die nach *Blokhus* (Hotels, ⚠, ⚠) abzweigende Nebenstraße hinweg bis

Jetsmark, 57 km, mit sehenswerter mittelalterlicher **Kirche*. Sie ist mit Fresken aus dem 15. Jahrhundert reich ge-

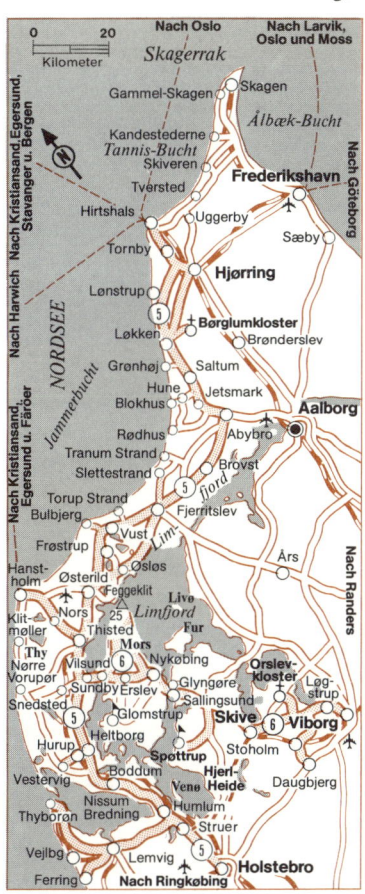

schmückt. Bemerkenswert sind auch die Evangelistensymbole an der Mauer der Apsis und im Kircheninnern die holzgeschnitzte Kanzel aus dem 16. Jahrhundert. Im *Waffenhaus* (Våbenhuset) kann man einen tausend Jahre alten Runenstein sehen.

Kurz nach *Åbybro* (⌂), 61 km, zweigen links Straßen ab zum *Limfjord* bzw. zur Halbinsel *Øland* mit dem Rittergut Oxholm (einem früheren Nonnenkloster), das im 19. Jahrhundert restauriert wurde. Die rechts abzweigenden Straßen führen zu den oben erwähnten Badeorten an der *Jammerbugt.*

In *Fjerritslev* (Hotels; ⚠), 91 km, ist ein Volkskunde- und Brauereimuseum sehenswert. Rechts zweigt hier eine Straße ab zum Badeort *Slettestrand* (Hotels), wo sich das „Lien-Kunstcenter" (zeitgenössische Kunst und Graphik) befindet. Dort liegt auch die eigentümliche Kreidefelsformation „Svinkløv" (gleichnamiges ⌂⌂⌂, ⚠). Wanderwege führen durch das Schmelzwassertal *Fosdalen,* das eine üppige, von Heidekrauthügeln unterbrochene Vegetation besitzt.

Von *Vust* (⚠), 106 km, zweigt rechts eine Straße ab zum *Bulbjerg* (Strand; ⚠), dessen 47 m hohes Kalksteinufer früher mit dem 130 m von der Küste entfernt im Meer stehenden einst 16 Meter (jetzt nach weitgehender Zerstörung durch das Meer nur noch 1½ m) hohen Felsen „Skarreklit", einem Wohnplatz von Kormoranen, verbunden war.

Von Fjerritslev (s.o.) führt die neue Straße 11 über *Øsløs* (⚠; in der Nähe eine Grabstätte aus der Wikingerzeit) durch die am Limfjord liegende Landschaft *Vejlerne,* die wegen ihres reichen Vogellebens (größte Brutstätte Nordeuropas) bekannt ist. Bei *Østerild* (⌂⌂), 125 km, treffen beide Straßen wieder zusammen.

(Über den Feggesund führt eine Fähre – Fahrzeit fünf Minuten – auf die Insel *Mors;* s. Route 6.)

Thisted (14 000 Einw.), 137 km, ist eine malerisch am *Limfjord,* gegenüber der Insel *Mors* mit dem charakteristischen *Han-Klit-Felsen* (s. S. 60) liegende Handelsstadt. Wegen ihrer abwechslungsreichen Umgebung, die von den idyllischen Limfjordbuchten bis zu den prächtigen Sandstränden am Meer, von dichten Waldgebieten bis zu ausgedehnten Dünen- und Heidelandschaften reicht, aber auch wegen ihrer ausgezeichneten Angel- und Wassersportmöglichkeiten ist die Stadt ein beliebtes Ferienzentrum.

Das *Thisted-Museum* am Store Torv birgt eine große Bronzezeitsammlung. Sie enthält u. a. die einzigartigen, in einem Hügelgrab bei Nors gefundenen Goldboote sowie eine Pfeilspitze, die als feinste Flintsteinarbeit gilt, die man in Skandinavien fand. Außerdem kann man im Museum ein Gedenkzimmer für den bekannten, hier geborenen dänischen Dichter J. P. Jacobsen (1847–1885) sehen.

Am Tingstrupvej liegt die *Zentralbibliothek,* in deren ihrer Gemälde von Jens Søndergård besuchenswert ist. Dem modernen Bibliotheksbau gegenüber liegt der Stadtpark mit einer Freilichtbühne für 2600 Zuschauer.

Sehenswert ist auch die große gotische *Pfarrkirche* der Stadt, die um 1500 an der Stelle einer älteren romanischen Kirche erbaut wurde. Sie beherbergt eine schöne Renaissancekanzel. Vor der Kirche beachte man die moderne Sklulptur von Johan Galster „Madonna mit Kind".

🅸 Verkehrsverein, Gamle Rådhus, Store Torv 6.

✈ Thisted-Flughafen bei Hanstholm; Rundflüge.

⛴ Holstebro–Thisted.

⌂⌂⌂ „Hotel Limfjorden".

⌂⌂ „Missionshotellet Thisted"; „Aalborg"; „Vildsund Strand Missionshotellet".

⌂ „Hinding Dås Feriecenter", Nors; „Nors Kro", Nors. – ⚠ in Skinnerup. – ⚠ in Thisted, Nors und Vildsund.

Die Straße 26 verbindet Thisted mit dem 1967 eingeweihten modernen Fischerei- und Handelshafen *Hanstholm* (2700 Einw.; ⛴ Kristiansand, Egersund und Färöer; Hotels, ⚠), der einen der höchsten Leuchttürme Dänemarks besitzt. Südwestlich davon erstreckt sich das größte Naturschutzgebiet Dänemarks, das 5000 Hektar große *Hanstedreservat,* mit Dünen, Sümpfen, Hügeln und Wasserläufen sowie mit einem großen Wildbestand (geschlossen vom 15. April bis 15. Juni; Kraftfahrzeuge dürfen in das Naturschutzgebiet nicht einfahren).

Hanstholm und die südwestlich liegenden Badeorte *Klitmøller* (⌂, ⚠), *Vorupør* (Nordsee-Aquarium; ⌂, ⚠) und *Agger* (Hotels) besitzen schöne feinsandige Strände mit Dünen und dahinter liegenden Wäldern, in denen ein reiches Vogel- und anderes Tierleben zu Hause ist.

*

Man verläßt Thisted auf der Straße 11, von der bei *Møgelvang-Sundby* links eine Straße abzweigt, die über die Vilsund-Brücke auf die Insel *Mors* (s. Route 6) führt.

Bei *Heltborg*, 166 km, liegt das etwa 5000 Jahre alte riesige Ganggrab von *Lundebøj* mit sechseinhalb Meter langem steinernem Innenraum (ganzjährig geöffnet). Westlich davon verdient

Vestervig (⚠) vor allem wegen seiner ehemaligen *Domkirche (um 1130) einen Besuch. Sie ist der noch erhaltene Teil eines mittelalterlichen Augustinerklosters und gilt heute als größte Dorfkirche Skandinaviens. Die dreischiffige Basilika ist innen und außen mit Granitquadern verkleidet und birgt eine sehenswerte Altartafel aus dem Jahre 1730.

Weiter südlich von Heltborg liegt an der Straße 11 am *Skibsted-Fjord* die

Ydby-Heide, 170 km, die unter Naturschutz steht. Hier gibt es 40 bis 50 Grabhügel aus der Bronzezeit. Das Gebiet war ein berühmter Treffpunkt der Wikinger, die hier ihre Schiffe zu den Fahrten gegen England sammelten. − Auf der Brücke über den Oddesund erreich man

Toftum Bjerge (⚠), 194 km, einer großartigen Hügellandschaft mit steilen Felsen am Limfjord, schönen Badestränden und weitem Blick über das Gewässer. Kurz darauf erreicht man

Struer (11 000 Einw.; ⛴; ♨, △, ⚠), 201 km. Das in der *Venø-Bucht* des Limfjords liegende Hafen- und Industriestädtchen besitzt ein kleines *Museum* mit kulturhistorischen Gegenständen, Schiffsmodellen, schönen Bauernmöbeln und anderen Sehenswürdigkeiten. Am Hafen steht das hübsche Denkmal des „Sarpsborg-Mädchens".

Von Struer aus lassen sich viele lohnende Ausflugfahrten unternehmen. Nördlich der Stadt liegt die kleine *Insel Venø* (Autofähre, 2 Minuten Fahrzeit) mit Hafen, Bademöglichkeiten, Zeltplatz und der kleinsten Kirche Dänemarks.

Westlich von Struer breitet sich die Landschaft *Kilen* mit Moränenbildungen und Tunneltälern aus der Eiszeit aus. Hier liegt auch die *Klosterheide*, einer von Dänemarks größten Forsten (6300 Hektar), mit schönen Spazierwegen. Etwa 21 Kilometer nordwestlich von Struer liegt

Lemvig (7600 Einw.; Hotels, ⚠), ein wichtiger Fischereihafen und ein Handelszentrum am Limfjord (bis zur Nordsee 15 km). Der idyllische Ort in schöner

Umgebung (wandern, angeln, windsurfen) ist terrassenförmig angelegt. Das sehenswerte *Museum* umfaßt Volkskunstsammlungen, Gemälde und Strandungen. Die *Stadtkirche* (12. Jh.) enthält ein Rokoko-Chorgestühl. Entlang der Lemviger Bucht führt der „Planetenpfad", ein 12 km langer Wanderweg.

Die von hier nordwärts führende Straße endet bei

Thyborøn (⚠), einem großen Fischereihafen mit gewaltigen Deichanlagen. Die ursprünglich offene Passage vom Limfjord in die Nordsee versandete um 1100, wurde aber 1825 wieder freigelegt und verbindet heute als *Thyborøn-Kanal* den Limfjord mit dem Meer.

⛴ Thyborøn–Agger (10 Minuten).

*

5

In Struer verläßt die Straße 11 den Limfjord. Nach kurzer Fahrzeit gelangt man nach

Holstebro (27 000 Einw.), 216 km , einer bedeutenden Handelsstadt, die sich in den letzten Jahren auch zum wichtigsten Kulturzentrum Westjütlands entwickelt hat. Neben zahlreichen Museen (s.u) Experimentiertheater *(Odin-Theater),* Konzerthalle *(Holstebro-Halle)* und Ausstellungen moderner Bildhauer besitzt Holstebro Schwimmhallen und Freibäder, Golfplatz (18 Löcher), Tennisplätze und ein Sportzentrum.

In den Museen der Stadt findet man u.a. im *Kunstmuseum* dänische Gegenwartskunst und europäische Grafik, im *Holstebromuseum* die Heibergsche Silbervogelsammlung, Marius Larsens Pfeifen- und eine Zigarrensammlung, im *Jens-Nielsen-und-Olivia-Holm-Møller-Museum* außer den Werken der beiden Künstler auch Arbeiten der Malerin Kirsten Lundsgaardvig und des Bildhauers Niels Helledie, im *Dragoner-* und *Freiheitsmuseum* Uniformen und Ausrüstung des Regiments von 1679 bis zur Gegenwart sowie Erinnerungen an den dänischen Freiheitskampf im Zweiten Weltkrieg.

🅸 Turistbureau, Brostræde 2.

✈ Flughafen Karup: Kopenhagen.

⛴ Esbjerg–Thisted, Århus-Holstebro, Fredericia–Holstebro.

🏨 „Golf Motel", Sønderlandsgade; „Bel Air", Den Røde Plads.

🏠 „Schaumburg", Nørregade 26; „Krabbes", Stationsvej 18.

△ „Østergård". − ⚠ „Mejdal".

Diese Strecke (s. Karte auf S. 57) ist eine Alternative zur Route 5 für Touristen, die von Nordjütland über die Insel Mors und den Limfjord nach Viborg fahren wollen, wo man auf der Straße 16 Anschluß nach Holstebro (s. Route 7) und nach Randers (s. Route 4) hat.

Man fährt von *Thisted* (s. S. 58) zuerst nach *Vildsund*, 10 km (guter Badestrand; ⚐) und von dort auf der Vilsund-Brücke auf die Ferieninsel (25 000 Einwohner)

Mors, deren 200 Kilometer lange Küste gute Bade- und ausgezeichnete Segelsportmöglichkeiten bietet. Außerdem gibt es viele Wander- und Reitwege sowie sechs Campingplätze.

Auf der über *Sundby* ostwärts verlaufenden Landstraße gelangt man zum

Han Klit (⌂ in Erslev, ⚐), 20 km. Der 61 Meter hohe Kieselgurfelsen (Kieselgur = Ablagerungen aus fossilen Kieselalgen) ragt fast senkrecht an der Küste empor und zeigt deutlich Abdrücke von Tieren und Pflanzen aus der Tertiärzeit sowie vulkanische Aschenschichten, die als Folge gewaltiger Verschiebungen von Erdmassen in der Eiszeit wellenförmig eingebuchtet sind.

Etwas weiter östlich liegt *Salgjerhøj*, der höchste Punkt der Insel (89 m), von dem aus sich ein weiter Rundblick bietet.

Wenn man Zeit hat, kann man zum

Feggeklit (⌂; ⛴ „Feggesund", 5 Minuten), dem nördlichsten Punkt der Insel, weiterfahren. Die eigenartige Tuffsteinformation steht in Verbindung zur Sage vom Prinzen Hamlet. Dieser soll hier seinen Onkel, König Fegge, aus Rache für dessen Mord an Hamlets Vater, König Horvendil, umgebracht haben (Gedenkstein).

Hauptort der Insel Mors ist

Nykøbing (10 000 Einw.), 36 km, das sich seit dem Mittelalter durch den Heringsfang zu einer wichtigen Handelsstadt entwickelt hat. Heute ist Nykøbing auch Zentrum der Limfjord-Austerngesellschaft. Das *Dueholm-Johanniterkloster* (1371) ist heute Museum und zeigt reiche kulturgeschichtliche Sammlungen sowie Sammlungen alten Kircheninventars und volkskundlicher Gegenstände. In der Bibliothek gibt es eine Gedenksammlung an den Dichter Aksel Sandemose (1899 bis 1968; Geburtshaus in der Færken-

stræde). Am Südrand der Stadt liegt der *Jesperhus-Blumenpark* (500 000 Blumen; größte Rosensammlung Dänemarks) mit einem Aquarium und einem „Spielland" für Kinder. Sehenswert ist auch ein *Gießereimuseum* am Rathausplatz.

Ein lohnender Ausflug führt in das Naturschutzgebiet *Legind Bjerge* mit seltenen Laub- und Nadelbäumen (schöne Wanderwege).

🛈 Verkehrsbüro, Havnen 4.

🏨 „Hotel Pakhuset", Havnen.

🏨 „Sallingsund Færgekro", Sallingsundvej 104.

⌂ „Gullerup Strand Kro", Flade.

⚠. – 3 ⚐.

Südlich von Nykøbing fährt man über die Sallingsund-Brücke. Nach 10 km biegt man rechts ab auf die Landstraße, die über *Oddense* und *Krejbjerg* zur

*Burg Spøttrup, 66 km, führt. Die ausgezeichnet erhaltene mittelalterliche Burg (im 15. Jh. katholischer Bischofssitz) ist von einem Wallgrabensystem und Kräutergarten umgeben und ist mit ihren mehr als zwei Meter dicken Mauern und den starken Gewölben eine der eindrucksvollsten alten Burgen Skandinaviens. Anstatt direkt weiterzufahren nach *Skive* (17 km), sollte man den Umweg über das 25 km entfernte

Freilandmuseum Hjerl-Hede, 91 km, machen. In dem rund 1000 Hektar großen Heideland (Naturschutzgebiet) am *Flynder-See* ist 1930 eingeweihte „Alte Dorf" mit etwa 40 aus vielen Landesteilen hierher gebrachten Gebäuden und einer Steinzeitsiedlung.

Skive (27 000 Einw.; ⛴; Hotels, ⚐), 112 km, liegt malerisch am *Skive-Fjord* und ist als Ausgangspunkt für reizvolle Ausflüge in das *Limfjord*-Gebiet (s. S. 18/19) beliebt. Sehenswert sind die alte Kirche mit Wandmalereien aus dem Jahre 1522, das *Museum* mit einer bemerkenswerten Heimatsammlung und der 1560 errichtete Herrensitz *Krabbesholm* (heute Volkshochschule) nördlich der Stadt.

Bei der Weiterfahrt nach Viborg lohnen sich Abstecher zum *Ørslevkloster* bzw. nach *Daugbjerg* (s. beide auf S. 39).

Viborg, 142 km, s. S. 36.

Von *Holstebro* (s. S. 59) führt die Straße 11 in südlicher Richtung über *Grønbjerg* (lohnender Abstecher links nach *Tiphede*, einem unter Naturschutz stehenden Heidekrautgebiet mit dem 102 m hohen Hügel *Trehøje*) nach *Skjern,* 49 km (s. rechts). Lohnender ist die Fahrt auf der Straße 16 über *Ulfborg* (Hotel; ⚠) mit dem 5500 Hektar großen, nur zu Fuß zugänglichen Naturpark „Kronenheden" (Heide, Landdünen, Auerhahnreservate). Kurz nach Ulfborg zweigt rechts von der Straße 16 eine Straße ab nach *Vedersø* (⚠), das wegen des alten Pfarrhofs des dänischen Dichterpfarrers Kaj Munk (1944 von den Deutschen ermordet) besuchenswert ist. Das unweit südwestlich liegende Dorf *Stadil* hat eine alte Kirche mit einem reich mit Ornamenten geschmückten goldenen Altar (13. Jh.) und einer bemerkenswerten Kanzel.

Direkt an der Staße 16 liegt *Hee,* das eine der ältesten jütischen Quadersteinkirchen und den Freizeitpark „Sommerland West" besitzt. Kurz darauf erreicht man

Ringkøbing (8200 Einw.), 43 km. Der malerisch am gleichnamigen Fjord liegende Ort besitzt noch idyllische alte Straßen mit Häusern aus dem 17. und 18. Jahrhundert und ist seit mehr als dreihundert Jahren durch seine Fischerei als Handelsmarkt bekannt. Die spätmittelalterliche *Kirche* (15. Jh.) hat einen eigentümlichen Turm, der sich nach oben hin verbreitert. Im Innern ist die Kanzel (um 1600) sehenswert. Das *Stadtmuseum* beherbergt archäologische und historische Sammlungen sowie Kunstsammlungen (u. a. bedeutende Kirchenskulpturen) und schließlich Gedenkstücke an den Grönlandforscher Mylius Eriksen.

🅸 Torvet 12.

⛴ Esbjerg–Holstebro.

🏨 „Fjordgården", Vesterkær 28.

🏨 „Hotel Garni", Torvet.

⚓ „Røgind Kro". – „Holmsland Klitby", Klegold.

⚠ Kongevejen 52. – 2 ⚠.

In Ringkøbing beginnt die Straße 15, die quer durch Jütland über *Herning* (31 000 Einw.; Hotels, ⚠, ⚠; Zentrum der dänischen Textilindustrie) und *Silkeborg* (s. S. 51) nach *Århus* (s. S. 22) führt (insgesamt 130 km).

Skjern (6000 Einw.; ⛴; Hotels, ⚠), 67 km, ist eine bedeutende Marktstadt am Delta des gleichnamigen Baches, unweit des *Ringkøbing-Fjords.* Hier mündet die von Ringkøbing kommende Straße in die von Holstebro kommende Straße 11 ein. In Skjern gibt es erstklassige Möglichkeiten zum Angeln (beste Lachsgewässer Dänemarks).

Weiter geht es auf der Straße 11 über *Tarm* (🏨,⚠) und *Lyne* (⚓, ⚠) nach

Varde (18500 Einw.; ⛴; Hotels, ⚠), 105 km, das vom *Vardebach* (Anglerparadies) durchflossen wird und eine bekannte Handelsstadt ist.

In Varde gibt es charakteristische alte Häuser, ein beachtenswertes *Heimatmu-*

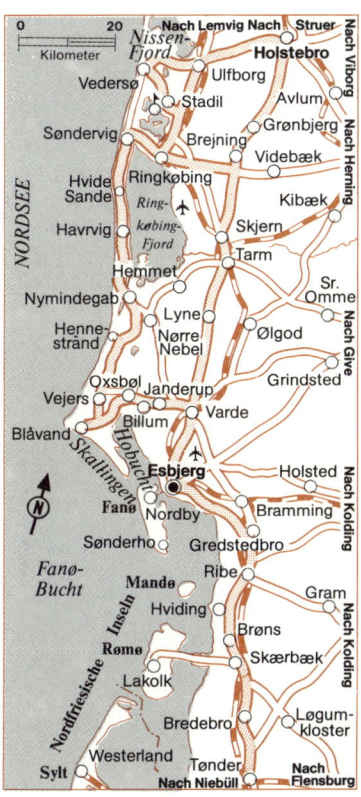

Varde

seum (schwarze Töpfe, Silbergeräte, Volkstrachten u.a.), einen schönen Stadtpark *(Arnbjerg)* mit „Miniaturstadt" (Varde anno 1800) sowie einen Freizeitpark (seit 1983) am Vardebach. Besuchenswert ist auch die *St.-Jakobi-Kirche,* ein Wahrzeichen der Stadt. Im Sommer finden auf der *Freilichtbühne* oft folkloristische Veranstaltungen statt.

*

Man kann von Rinkøbing auch über *Søndervig* (Badeort mit Hotel, vielen Ferienhäusern und ⚿) und über *Holmsland Klit,* eine 40 Kilometer lange und an vielen Stellen nur 500 bis 1000 Meter breite Nehrung zwischen der Nordsee und dem Ringkøbing-Fjord, nach Varde fahren (Ringkøbing–Varde: 62 km). Diese Straße führt durch eines der größten Dünengebiete Jütlands (starke Strömung an der Küste). Es gibt hier weite, zum Teil etwas steinige Strände und mehrere Campingplätze. Von dem hoch über dem Meer stehenden Leuchtturm von *Nørre Lyngvig* (man kann ihn auf 264 Stufen besteigen) hat man einen herrlichen Rundblick. Im Fischereihafen

> **Hvide Sande** (2800 Einw.; Hotel, ⚿, ⚿) verbinden ein schmaler Kanal und eine Schleuse den Ringkøbing-Fjord mit der Nordsee. An den Molen des Fischerortes herrscht munteres Badetreiben.

Bei *Nymindegab* (⚐, ⚿) endet Holmsland Klit. Bei dem Badeort liegt das große Vogelschutzgebiet *Tipperne,* etwas weiter südlich der viel besuchte Badeort

Henne Strand (Hotel, ⚿, ⚿), mit beachtenswerten „Laubdünen", den Resten früherer Eichenwälder. Von dem 64 m hohen *Blåbjerg,* der größten Düne Dänemarks (75 Stufen, Denkmal) weiter Ausblick. Der Aussichtspunkt ist nur zu Fuß zu erreichen. Südlich davon erstreckt sich als „Rest" des früheren Fil-Sees *(Filsø)* Dänemarks größtes trockengelegtes Agrargebiet, ein ehemaliger Meeresboden. Auch hier gibt es eine interessante Vogelwelt. – Nur wenige Fahrminuten weiter südlich liegen

Vejers und **Blåvand,** beliebte Ferienzentren Westjütlands, mit breitem weißem steinfreiem Badestrand. *Blåvands Huk* (Leuchtturm) ist der westlichste Punkt Dänemarks. Es gibt hier Hotels, Sommerhäuser, Pensionen und Campingplätze. In dem benachbarten kleinen Fischerdorf *Ho* (⚿; Geburtsort des Dichters Thomas Lange) findet der einzige Schafmarkt des Landes statt.

Auf der Fahrt von Vejers nach *Varde* (s. S. 61) lohnt sich ein kurzer Aufenthalt in

Oksbøl (⚐, ⚿), um dort die *Ål-Kirche* mit seltenen Freskogemälden (Bilderfolgen, u.a. ein realistischer Reiterkampf) aus dem 11. Jahrhundert zu besichtigen. – Auch im östlich benachbarten

Billum (Gasthof) steht – etwas außerhalb des Ortes – eine Tuffsteinkirche (um 1200; Freskenreste; Holzschnitzereien).

Nach wenigen Fahrminuten erreicht man *Varde* (s. S. 61) und dann

Esbjerg (80 000 Einw.), 123 km. Die bedeutende erst 1868 gegründete Industriestadt hat Dänemarks größten Fischerei- und Exporthafen; es herrscht dort internationaler Schiffsverkehr. Daneben ist Esbjerg eine wichtige Schulstadt, Sitz des westjütischen Symphonieorchesters und eines der bedeutendsten Kunst- und Kulturzentren Dänemarks.

Nahe dem Marktplatz liegt das *Verkehrsbüro* [1], wenig östlich davon *Hauptbahnhof* [2] und *Busbahnhof* [3] sowie das *Esbjergmuseum* [4] mit kulturgeschichtlichen Sammlungen vom Altertum bis zur Neuzeit. Weiter südlich, Borgergade 6, ein *Buchdruckereimuseum* [5]. Im Stadtpark steht der moderne *Kunstpavillon* [6] mit einer repräsentativen Auswahl zeitgenössischer dänischer Kunst.

Weiter südlich kommt man zum *Englandskai* mit der *Abfahrtsstelle der DFDS-Schiffe* [7] nach England (Harwich, Newcastle) und zu den Färöer-Inseln. Am *Vestre Dokvej* [8] fahren die

Fährschiffe zur Insel Fanø ab. Lohnend ist auch ein Besuch des *Fischerhafens (Fiskerihavn)* [9], der mit 270 Hochsee-Fischkuttern der größte in Dänemark ist. Hier liegt auch die *Fisch-Auktionshalle* [10]; während der Auktionen (montags bis freitags um 7 Uhr früh) herrscht dort reger Betrieb.

An der *Gedenkstätte für Fischer* [11] vorbei, gelangt man zum **Fischerei- und Seefahrtsmuseum* [12] mit sehr guten Sammlungen von Fischereigeräten und Fahrzeugmodellen sowie einem Salzwasseraquarium und einem „Robbarium". In einem Heide- und Moorgebiet angelegt ist der schöne *Vognsbølpark* [13] mit Seen und Tiergarten.

🛈 Verkehrsbüro, Skolegade 33.

✈ (9 km nordöstlich); täglich nach Kopenhagen, Norwegen und England.

🚢 Tønder–Holstebro; Esbjerg–Odense –Kopenhagen.

🚢 Newcastle, Harwich, Thorshavn-(Färöer); Fanø.

🏨 „Olympic", Strandbygade 3; „Britannia", Torvet.

🏨 „Ansgar Missionshotellet", Skolegade 36; „Hotel Esbjerg", Skolegade 31. – „Hotel Hjerting", Hjerting, Strandpromenaden; „Guldager Kro", Guldager; „Korskroen", Hoved A1.

🏠 „Sømandshjemmet", Auktionsgade 3; „Park", Torvegade 31. „Ølufvad Kro", Ølufvad; „Tarp Kro", Tarp.

⚠ Gl. Vardevej 80. – ⚠.

Mit dem Fährschiff gelangt man in 20 Minuten auf die Insel

Fanø (3000 Einw.), die wegen ihrer breiten Sandstrände mit Dünen eine vielbesuchte Ferieninsel ist und touristische Einrichtungen (Hotels, 9 ⚠) besitzt. In *Sønderho* sind die alten Häuser im Friesenstil und die Kirche, in *Nordby* die Schiffahrts- (viele Schiffsmodelle) und Trachtensammlung sehenswert.

Von *Esbjerg* fährt man nach **Ribe,* 153 km (s. S. 33), dann auf der Straße 11 über *Brøns* nach *Skærbæk*, 173 km (s. S. 43) und entweder wie in der Route 2 beschrieben oder weiter auf der 11 nach

Tønder, 199 km, s. S. 45.

7

Register